Deutschbuch

Orientierungswissen

Arbeitstechniken und Methoden

Sprechen und Schreiben

Rechtschreibung

Zeichensetzung

Grammatik/Nachdenken über Sprache

Umgang mit Texten und Medien

Herausgegeben von
Bernd Schurf

Erarbeitet von Ulrich Campe, Günther Einecke, Markus Langner,
Monika Lenkaitis und Norbert Pabelick

Cornelsen

INHALTSVERZEICHNIS

1

Arbeitstechniken und Methoden 4

2

Sprechen und Schreiben 27

3

Rechtschreibung 53

INHALTSVERZEICHNIS

1 Arbeitstechniken und Methoden

1.1 Hausaufgaben machen

Der Arbeitsplatz

Damit du deine Hausaufgaben zügig erledigen kannst, brauchst du einen passenden Arbeitsplatz. Dein Schreibtisch sollte gut beleuchtet und groß genug für die nötigen Arbeitsmittel sein (Lehrbücher, Hefte, Wörterbuch, Stifte ...).
Bevor du mit den Hausaufgaben anfängst, legst du dir die Arbeitsmittel am besten griffbereit auf den Tisch und räumst alles weg, was dich stören könnte. Denke auch daran, deinen Arbeitsraum hin und wieder zu lüften: Beim Nachdenken verbrauchst du Sauerstoff.

Die Zeitplanung

Man bekommt schon viel diktiert, in der Schule von den Lehrern, zu Hause von den Eltern, aber bei den Hausaufgaben könntest du deine eigene Chefin oder dein eigener Chef sein und eine ganze Menge selbst bestimmen. Und wie ein Chef für seine Firma alles so plant, dass die Firma gut „läuft“, so kannst du auch deine Hausaufgaben planen. Wenn Hausaufgaben keinen Spaß machen oder trotz aller Anstrengung nichts hängen bleibt, dann hast du vielleicht einen Fehler in der Planung gemacht.
Nach dem Mittagessen braucht der Körper alle Energie für den Magen. Diese Energie fehlt dann für Kopfarbeit. Es ist deshalb sinnvoll, wenn du nach dem Mittagessen eine kleine Erholungspause einlegst (z. B. Musik hören, spazieren gehen oder

ein Nickerchen machen). Nach einer solchen Erholungspause haben Körper und Geist wieder genügend Energie gesammelt, sodass du nun gut die Hausaufgaben machen kannst.

In den Abendstunden stellt sich der Körper meist schon auf das Schlafen ein, sodass nicht mehr die volle Energie da ist und die Hausaufgaben dann länger dauern. Schön wäre es ja, wenn man die Hausaufgaben im Schlaf machen könnte.

Wichtig ist auch, dass du die Hausaufgaben möglichst zu festen Zeiten erledigst, weil der menschliche Organismus sich auf solche festen Zeiten gut einstellen kann und dann bessere Leistungen möglich sind.

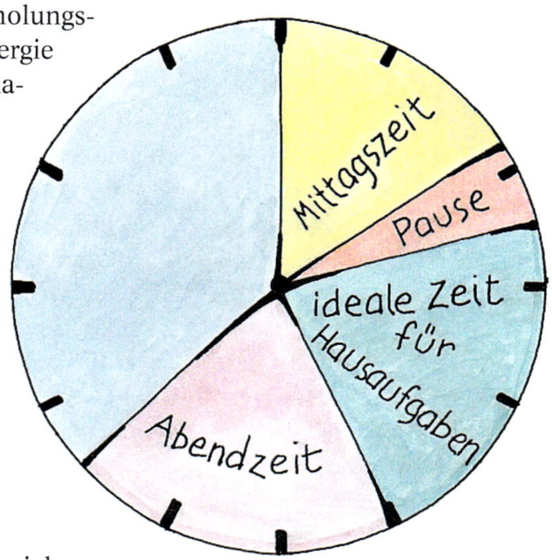

Die Reihenfolge

Sportler, z. B. Fußballer und Tennisspieler, spielen sich vor einem wichtigen Spiel erst ein. Sie müssen sich „warm spielen“. Und Hausaufgaben sind auch eine Art Sport, ein Denksport sozusagen. Deshalb beginnst du am besten mit kleineren und einfacheren Aufgaben in der Aufwärmphase. Auch Aufgaben, die dir Spaß machen, eignen sich gut für die Aufwärmphase. Wenn du diese Aufgaben schnell erledigt hast, dann wächst dein Selbstvertrauen. Und mit dem Selbstvertrauen wächst auch die Chance, dass schwierigere Aufgaben dir leichter von der Hand gehen.

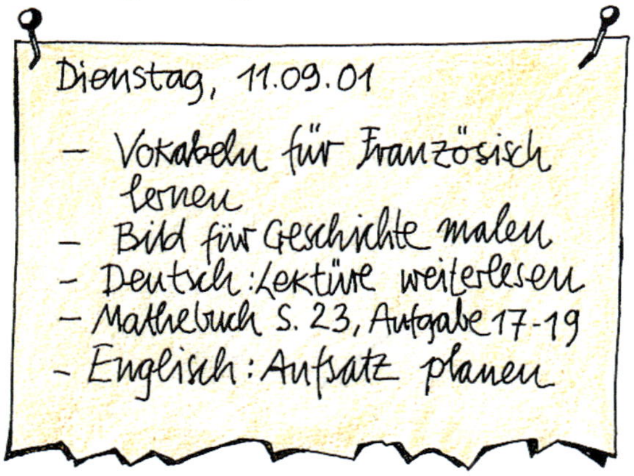

Eine Hochleistung bleibt nicht lange erhalten. Es ist deshalb sinnvoll, nach einer gewissen Zeit schwierige Aufgaben mit leichteren abzulösen. Du solltest auch darauf achten, nicht mehrere Sprachen wie Englisch, Französisch und Deutsch hintereinander zu lernen. Das wird leicht eintönig. Auch mit dem Wechsel von schriftlichen und mündlichen Aufgaben kann man die drohende Eintönigkeit und Lernunlust vermeiden. Die Abwechslung ist also sehr hilfreich bei deinen Hausaufgaben.

Die Pausen

Auch einfache Aufgaben können ganz schön anstrengend sein, wenn sie sehr umfangreich sind und viel Zeit benötigen. Und wenn man dann pausenlos arbeitet, quält man sich und lernt immer weniger. Deshalb braucht man Pausen, am besten alle halbe Stunde eine Kurzpause von ungefähr fünf Minuten, nach einer bis eineinhalb Stunden etwa eine zwanzigminütige Pause, in der du dich etwas entspannen kannst. Fernsehen, Computerspiele oder andere anstrengende Tätigkeiten solltest du vermeiden, da sie leicht ermüden.

1.2 Klassenarbeiten vor- und nachbereiten

Vorbereitung planen

Dir ist vielleicht auch schon einmal bei einer Klassenarbeit nichts mehr eingefallen, obwohl du am Vortag alles eingepaukt hast. Einen solchen „Black-out“ bekommt man, wenn man zu sehr in Stress gerät, Angst hat oder sich sehr unsicher fühlt.

Wenn du „auf den letzten Drücker“ mit den Vorbereitungen beginnst, entsteht leicht Angst, dass die Zeit vielleicht doch nicht reicht. Dann sitzt du stundenlang verbissen und verkrampft bei den Vorbereitungen und das Lernen wird immer chaotischer. Mit dieser Angst gehst du in die Klassenarbeit, die dann ebenso planlos wird.

Wenn du dich dagegen rechtzeitig auf die Klassenarbeit vorbereitest, kannst du diesen Stress vermeiden. Am Vortag der Klassenarbeit brauchst du dann keinen neuen Stoff mehr zu lernen, sondern das vorher Gelernte nur zu wiederholen. Dadurch bist du vor einer Arbeit auch nicht mehr so nervös.

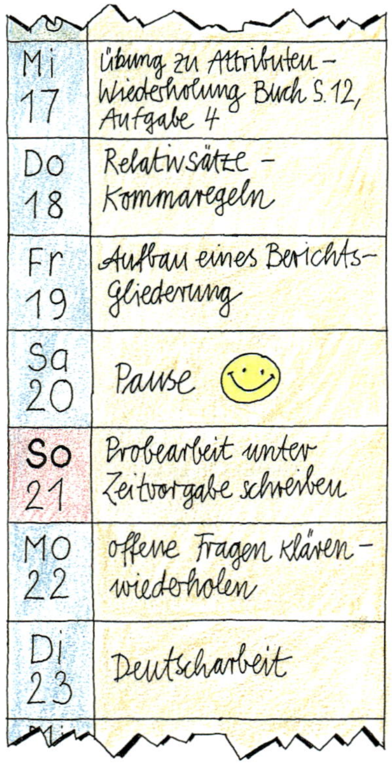

Man kann nicht fünf Stunden hintereinander lernen. Du sitzt dann zwar noch am Schreibtisch und beruhigst dein Gewissen, aber das Gehirn nimmt nichts mehr auf. Zudem dauert es einige Zeit, bis man den Leistungshöhepunkt erreicht.
Verschwende also keine Zeit und lerne in kleinen, überschaubaren Portionen. Wenn du deinen Lernstoff auf mehrere Tage verteilst, prägst du dir den Stoff besser ein, fühlst dich sicherer und gehst lockerer in die Klassenarbeit.
Nicht nur bei den Hausaufgaben, sondern auch bei der Vorbereitung der Klassenarbeiten bist du dein eigener Manager oder deine eigene Managerin und musst planen. Manchmal gibt es zwei Klassenarbeiten in der Woche, dazwischen vielleicht auch einen Test. Hinzu kommen noch viele andere Termine. Um das alles zu „managen“, brauchst du einen Terminkalender, in den du alle Klassenarbeiten und die Vorbereitungsphasen einträgst. Ratsam ist es, mindestens eine Woche vorher den Plan zu erstellen und regelmäßig zu ergänzen.

Stichwortzettel zur Wiederholung des Lernstoffs anlegen

Vielleicht hast du auch schon bemerkt: Was man einmal aufgeschrieben hat, hat man schon so gut wie im Kopf. Deshalb solltest du auf einem Stichwortzettel die wichtigsten Begriffe, Daten und Regeln zusammenfassen. Dabei ist besonders eine übersichtliche Gliederung wichtig. Für die abschließende Wiederholung des Lernstoffs hast du dann gleich noch einmal alles auf einen Blick parat.
Um einen Stichwortzettel anzulegen, schreibst du am besten alle wichtigen Informationen auf ein großes DIN-A4-Blatt, möglichst schon gut gegliedert. Dann nimmst du ein Blatt der halben Größe, ein DIN-A5-Blatt, und schreibst nur das Wichtigste von deinem ersten Zettel heraus. Schließlich kannst du versuchen, die Informationen noch einmal zu halbieren und auf einem DIN-A6-Blatt zusammenzufassen. Bei jeder Zusammenfassung prüfst du, ob die Reihenfolge deines Merkwissens auch sinnvoll ist.

Beispiel:
Stufe 1

Deutsche Rechtschreibung im Wandel

Erst in den letzten Jahrzehnten des 19. Jahrhunderts gab es erste Bemühungen, die Unregelmäßigkeiten und Widersprüchlichkeiten in der deutschen Rechtschreibung zu beseitigen. 1863 stellte ein Direktor für sein Gymnasium verbindliche Rechtschreibregeln auf. Es war Konrad Duden, der Gründer der berühmten Wörterbücher, mit denen wir heute noch arbeiten. Seine Regeln fanden so viel Anerkennung, dass er sie 1872 in Buchform veröffentlichte. Im selben Jahr fand, kurz nach der deutschen Reichsgründung von 1871, eine Schulkonferenz in Dresden statt. Ihr folgte 1876 die erste staatliche Rechtschreibkonferenz in Berlin, an der auch Konrad Duden teilnahm. Dort wurden weit gehende Reformen beschlossen. Aber die Regierungen der deutschsprachigen Länder waren nicht bereit, so starke Änderungen einzuführen, und so blieb vorerst alles beim Alten. Da brachten 1879 zuerst Österreich und dann Bayern staatliche Regelbücher heraus. Nun musste Preußen handeln: Der Kultusminister beauftragte einen Sprachwissenschaftler, ein preußisches Regelbuch zu verfassen. Es erschien 1880, im selben Jahr wie Dudens „Vollständiges orthografisches Wörterbuch der deutschen Sprache“. 1901 fand in Berlin die 2. orthografische Konferenz aller deutschen Bundesstaaten statt, die die einheitliche Rechtschreibung für das ganze damalige Deutsche Reich durchsetzte. Bei dieser Konferenz wurde z. B. beschlossen, „th“ aus allen deutschen Wörtern zu entfernen („Thal“, „Thräne“ wurden zu „Tal“, „Träne“) und das „c“ in gebräuchlichen Fremdwörtern durch „z“ oder „k“ zu ersetzen („Medicin“, „Citrone“, „Accusativ“ wurden zu „Medizin“, „Zitrone“, „Akkusativ“).

Durch Beschluss des Bundesrates von 1902 wurde die so reformierte preußische Rechtschreibung für das ganze Reichsgebiet verbindlich gemacht. Österreich und die Schweiz schlossen sich dieser Entscheidung an.

Stufe 2

- Unregelmäßigkeiten und Widersprüchlichkeiten in der deutschen Rechtschreibung sollten beseitigt werden (19. Jh.).
- Konrad Duden, ein Gymnasialdirektor, stellte im Jahre 1863 erste Regeln auf.
- 1872 wurden sie in Buchform veröffentlicht.
- 1876 scheiterte der erste Versuch einer gemeinsamen Regelung.
- Staatliche Regelbücher erscheinen zuerst in Österreich und Bayern, Preußen muss handeln und bringt 1880 ein eigenes Regelbuch heraus.
- 1880 erscheint auch Dudens „Vollständiges Wörterbuch der deutschen Sprache“.
- Die einheitliche Rechtschreibung für das Deutsche Reich wird erst 1901 beschlossen.
- 1902 schließen sich Österreich und die Schweiz an.

Stufe 3

→ Duden:
- 1863 erstes Regelwerk für seine Schule
- 1872 erster öffentlicher „Duden“
- 1880 „Vollständiges Wörterbuch“

→ staatliche Regelbücher:
in Österreich, Bayern, Preußen

→ einheitliche Rechtschreibung:
- 1901 gemeinsame Konferenz in Berlin
- 1902 Anerkennung in Österreich und der Schweiz

Testtraining: Die vorgegebene Zeit einhalten!

Sicher hast du schon einmal festgestellt, dass du in der Klassenarbeit nicht rechtzeitig fertig geworden bist. Die Zeit für Klassenarbeiten ist begrenzt und du stehst leicht unter Zeitdruck. Dabei verkrampfst du dich mehr und mehr. Ein solcher Stress ist schlecht, das weißt du schon. Zudem ist die Arbeitssituation ungewohnt: Man darf nicht reden, man muss allein arbeiten.
Es ist eine gute Vorbereitung für Klassenarbeiten, wenn du bestimmte Aufgaben unter Zeitdruck probeweise durcharbeitest, d. h. die Klassenarbeit oder einen Teil der Klassenarbeit simulierst. Am besten, du machst eine solche Übung mit deinen Freunden oder Freundinnen. Ihr stellt dann einen Wecker und arbeitet nach der exakten Zeitvorgabe bestimmte Aufgaben durch. Diese Erfahrung zeigt dir, wie du dich in einer bestimmten Zeit auf das Wichtigste beschränken kannst, ohne nervös zu werden.

Ein Tipp: Keep cool!

Ein bisschen Nervosität bei Klassenarbeiten ist normal und kann die Leistung auch steigern. Auf jeden Fall solltest du keine Beruhigungsmittel nehmen. Es ist auch nicht sinnvoll, kurz vor der Klassenarbeit Berichte von anderen anzuhören, wie toll sie gelernt hätten, was sie alles könnten und was ihrer Meinung nach garantiert gefragt werde. Solche hektischen Diskussionen belasten nur und erzeugen Unsicherheit. Lass dich nicht darauf ein, bleibe gelassen und gib dich zufrieden mit den geleisteten Vorbereitungen. Cool bleiben ist die Devise. Sage dir, dass du gut gelernt hast, dass du das Wichtigste weißt und dass nichts schiefgehen kann.

Verhalten während der Klassenarbeit

- Nimm dir Zeit, die Aufgabenstellung gründlich durchzulesen und dir klar zu werden, was genau gefragt ist.
- Falls trotz intensiven Nachdenkens etwas unklar bleibt, frage den Lehrer oder die Lehrerin, auch wenn er oder sie das nicht gerne sieht.
- Erstelle einen Zeitplan für die einzelnen Aufgaben, damit du rechtzeitig fertig wirst.
- Beginne mit den leichten Aufgaben. Das gibt dir Zuversicht und Selbstvertrauen auch für die schwierigeren Aufgaben.
- Lege auch bei hoher Anspannung kleine einminütige Pausen ein. Solche Erholungen steigern die Leistungsfähigkeit.
- Überprüfe hin und wieder, ob du gezielt und präzise auf die Fragestellung eingehst.
- Gib dir am Schluss der Arbeit genügend Zeit, um die Arbeit auf Sprachrichtigkeit (Satzzeichen, Rechtschreibung, Grammatik) zu überprüfen.

Klassenarbeiten nachbereiten: Aus Fehlern lernen

Die korrigierte und bewertete Klassenarbeit sollte man nicht einfach zur Seite legen: Aus den eigenen Fehlern kann man für die nächste Arbeit lernen. Lies aufmerksam den Kommentar unter der Arbeit durch, untersuche deine Fehlerschwerpunkte (Rechtschreibung, Satzbau, Wortwahl, sachliche Fehler?).
Rechtschreib- und Zeichensetzungsfehler kannst du in Form einer **Fehlerkartei** berichtigen. Die korrigierten Wörter bzw. Sätze (bei Zeichensetzungsfehlern!) werden nach jeder Arbeit einzeln auf einer Karteikarte notiert. (Ein wiederholter Fehler erhält auch eine zweite Karteikarte!) Auf die Rückseite kannst du eine zugehörige Regel oder weitere Beispiele und Merksätze für diesen Fall aufschreiben. Diese Karten stellst du in alphabetischer Ordnung in einen Karteikasten. Nach einigen Arbeiten erkennst du deine Fehlerschwerpunkte recht schnell, wenn du die Kartei durchblätterst. So kannst du gezielt durch kleine Diktate deine Rechtschreibsicherheit erhöhen.

Vorderseite Rückseite

Checkliste zur Fehlerberichtigung

Wenn du beim Schreiben Fehler vermeiden willst, musst du die Arbeit an deinen Rechtschreibschwächen durch gezielte Übungen fortsetzen. Dazu kannst du die folgende Checkliste verwenden:

So berichtige ich meine Rechtschreibfehler	Fehlerzeichen
Das ist ein **Nomen.** → Ein passendes Nomensignal suchen und es zusammen mit dem Nomen aufschreiben.	N
Das ist **kein Nomen.** → Gegensatzpaare bilden, z. B.: *abends – am Abend; richtig – mit Recht.*	~~N~~
Lautprinzip beachten: Beim deutlichen Sprechen hört man oft, wie ein Wort geschrieben wird. → Das Wort langsam und deutlich sprechen und dreimal schreiben.	L-P
Stammprinzip beachten: Den Wortstamm schreibt man in allen Ableitungen gleich. → Das Fehlerwort von einem verwandten Wort ableiten und beide aufschreiben, z. B.: *fällig – fallen;* oder → das Fehlerwort verlängern, z. B.: *Wald – Wälder.*	St-P
Auf die **Wortbausteine** vor und hinter dem Stamm achten (Präfix/Suffix). → Drei weitere Wörter mit demselben Wortbaustein notieren, z. B.: *ent-schuldigen, ent-laden, ent-flechten; folg-lich, freund-lich, süß-lich.*	WB
Dieses **Fremdwort** wird anders geschrieben. → Im Wörterbuch nachschlagen, die Herkunftssprache hinter das Wort schreiben.	F
Hier ist der **s-Laut** falsch geschrieben. → Das Wort aufschreiben und eine Verlängerungsprobe oder ein Parallelbeispiel dazu notieren, z. B.: *Gras – Gräser, Fuß – Füße; außen – draußen.*	S
Fehler bei der **Getrennt- und Zusammenschreibung** → Den Ausdruck aufschreiben und ein Parallelbeispiel nennen, z. B.: *beisammen sein, da sein; langweilen, handhaben.*	G-Z
Falsche **Trennung** → Das Wort nach Silben getrennt aufschreiben.	Tr
Auf die **Satzzeichen** achten. → Den ganzen Satz noch einmal abschreiben.	Z

1.3 Im Team arbeiten: Alle für eine/n – eine/r für alle

Bei einem Boxenstopp in der Formel 1 arbeiten bis zu 17 Mechaniker zusammen. Drei pro Rad (einer zum Lösen und Festschrauben der Muttern, einer, um das alte Rad zu entfernen, einer, um das neue daraufzusetzen), zwei an den Wagenhebern, zwei zum Auftanken und ein Chefmechaniker, der das Manöver mit dem Schild „Brakes on" überwacht. Die Zusammenarbeit des Mechaniker-Teams muss perfekt sein, um einen Zeitverlust und vor allem Gefahren auf ein Minimum zu verringern.
Heute wird überall Teamarbeit und Teamfähigkeit erwartet. Um uns über die Aufgaben von Teammitgliedern und den Ablauf einer Teamarbeit klar zu werden, verfolgen wir einen Streckenplan über die vier Etappen einer Teamarbeit.

Streckenplan zur Teamarbeit

1. Etappe
Wir bestimmen gemeinsam das Thema und planen Arbeitsschritte:
Sammelt alle spontanen Einfälle zum Themenbereich an der Tafel.
Hierzu eignet sich besonders gut ein Brainstorming und das ▶Clustern. ▶ S. 17
Ordnet anschließend eure Einfälle, vielleicht mit einer ▶Mind-Map. ▶ S. 18

In einem **Brainstorming** ruft man zu einem Stichwort ohne vorherige Meldung in den Raum, was einem gerade durch den Kopf geht. Keine der Äußerungen, auch wenn sie noch so ungewöhnlich erscheint, soll zunächst kommentiert werden. Im weiteren Verlauf des Brainstormings kann man auf Äußerungen anderer mit eigenen Einwürfen regieren. Nach wenigen Minuten ist das Verfahren in der Regel erschöpft.
Um das Ideenmaterial des Brainstormings zu sichern, bestimmt man eine Protokollantin oder einen Protokollanten, die/der alles genauso ungeordnet aufschreibt, wie es gesagt wird.

2. Etappe
Wir bilden Einzelteams, die sich die Arbeit teilen:
Du entscheidest dich je nach Interessenschwerpunkt, in welchem Team du mitarbeiten möchtest.
Oder ihr bildet Gruppen nach dem Zufallsprinzip (mit Losen, Spielkarten ...).
Die Größe eines Teams sollte 4–6 Personen nicht überschreiten.

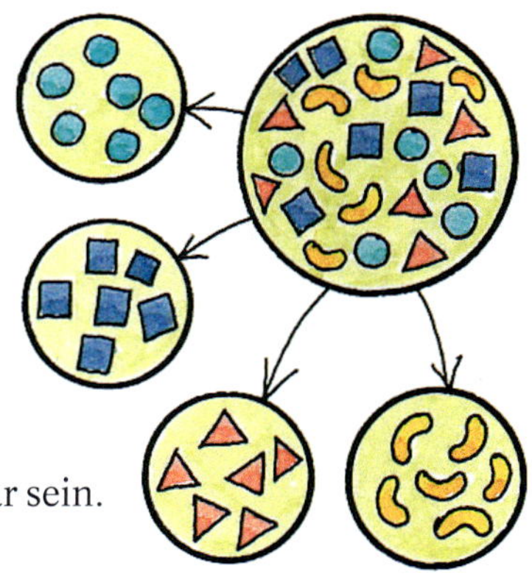

3. Etappe
Wir führen die Gruppenarbeiten durch:
Die Aufgabenverteilung innerhalb eines Einzelteams muss allen klar sein.
Fertigt zur Überprüfung der Zusammenarbeit eine Checkliste an.

Checkliste für die Teamarbeit

Rolle	Aufgabe	Name
Der/Die Gesprächsleiter/in	ist zuständig für die Einhaltung des Arbeitsplans, er/sie gibt Anstöße für die Zusammenarbeit, erteilt das Wort und fasst auch schon einmal Teilergebnisse zusammen.	*Iris*
Der/Die Protokollant/in	erinnert gegebenenfalls an die einzelnen Arbeitsschritte, muss sich während der Arbeit im Team Notizen machen.	*Pierre*
Der/Die Regelspezialist/in	überwacht die Einhaltung der vereinbarten Gesprächs- und Arbeitsregeln für die Teamarbeit, muss auch auf die Uhr schauen, um bestimmte Zeitvorgaben und Zeitabsprachen nicht aus den Augen zu verlieren.	*Azlan*
Der/Die Präsentant/in	stellt der Großgruppe die Arbeitsergebnisse des Teams vor (wird erst nach Abschluss der Teamarbeit ermittelt, zum Beispiel durch Losentscheid).	…

Führt euch immer wieder die Regeln für die Teamarbeit vor Augen.

4. Etappe
Wir werten die Teamarbeit aus und präsentieren sie:
Jedes Team bemüht sich um eine anschauliche ▶ S. 13 ▶ Präsentation, damit für alle Schüler/innen der Großgruppe das Gesamtbild des Themas deutlich wird.

Die Teammitglieder ziehen vorbereitete Spielkarten; wer zum Beispiel Herz-Ass zieht, stellt die Ergebnisse vor.
Bewertet eure Teamfähigkeit und fasst Vorsätze für die nächste Gruppenarbeit.

TEAM-REGELN

- **Gegenseitige Hilfe**
- **Arbeiten werden gemeinsam verteilt und durchgeführt**
- **Nicht trödeln, zielstrebig arbeiten**
- **Fertiges vergleichen**
- **Unterschiedliche Lösungen diskutieren**
- **Zuhören und aufeinander eingehen**
- **Beim Thema bleiben**
- **Niemand beleidigt eine/n andere/n**
- **Alle befolgen die aufgestellten Regeln**

1.4 Arbeitsergebnisse präsentieren

Tipps zur Plakatgestaltung

Vorbereitung
Ihr braucht Tapetenrollen oder Fotokarton für euer Plakat, darüber hinaus Stifte, Kleber, Schere, Reißzwecken und eine freie Wandfläche in der Klasse. Ideal ist eine Kopier- und Vergrößerungsmöglichkeit für euer Anschauungsmaterial (Schaubilder, Fotos, Puzzleteile ...).

Ausführung
Achtet auf eine gut lesbare Gestaltung. Hierzu sollten vor allem die Überschriften deutlich ins Auge springen. Zeichnet Schaubilder und klebt Fotos auf das Plakat. Verfasst eigene kurze Texte. Breitet zuerst alle Materialien auf dem Plakat aus. Ordnet sie anschließend durch Hinundherschieben, bevor ihr sie aufklebt.

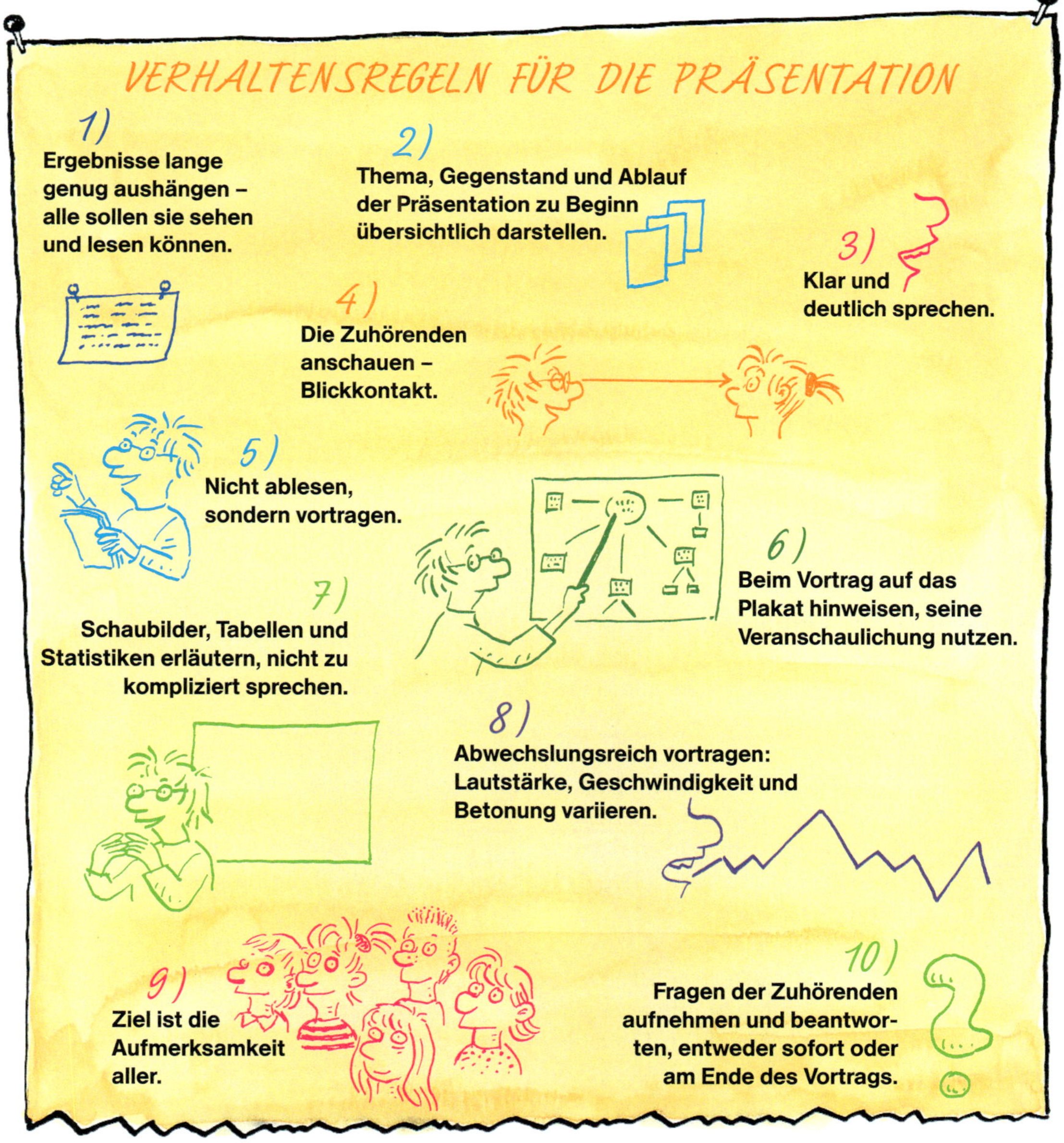

1.5 Texte erschließen

Markieren/Unterstreichen

Wenn du Inhalte eines Sachtextes erschließen und behalten willst, musst du die wichtigsten Aussagen des Textes auf eine einprägsame Art markieren. Oft wird viel zu viel markiert, sodass bei einer Wiederholung der gesamte Text erneut gelesen werden muss. Markierungen sollen dazu dienen, dass die Kerninhalte möglichst schnell wieder im Gedächtnis wachgerufen werden.

Eine bewährte Methode des Markierens ist die Drei-Stufen-Methode:

1. Stufe
Lies den Text und markiere dir mit einem Fragezeichen am Rand unbekannte oder unklare Begriffe. Wenn es möglich ist, kläre sie durch Nachschlagen oder Nachfragen. Knappe Erklärungen oder Synonyme schreibst du an Stelle des Fragezeichens (radieren) an den Rand.

2. Stufe
Lies den Text ein zweites Mal und unterstreiche mit einem Bleistift (mit Hilfe des Lineals) wichtige Aussagen. Bereits hier solltest du so wenig wie möglich unterstreichen.

3. Stufe
Hebe aus den mit Bleistift markierten Stellen nur die Kernwörter durch einen Textmarker hervor. Die Nebeninformationen kannst du mit einem feinen Filzstift markieren. Benutze zwei verschiedene Farben für Textmarker und Filzstift (am besten Gelb und Rot). Auch hier gilt: Lieber noch einmal aus den Bleistiftmarkierungen auswählen als zu viel markieren.

„Gastarbeiter“ in Deutschland

In den Sechzigerjahren gab es in Deutschland ein großes Interesse an ausländischen Arbeitnehmern, weil in der wachsenden Industrie Arbeitskräfte fehlten. Viele Arbeiter kamen nach Deutschland, um den Schwierigkeiten in ihren Heimatländern zu entgehen und eine lohnende Lebensperspektive zu gewinnen. Ihr Ziel war der rasche Gelderwerb, um mit den Ersparnissen nach der Rückkehr in die Heimat eine eigene Existenz aufbauen zu können. Damit sie möglichst viel sparen konnten, lebten viele der „Gastarbeiter“, wie sie in Deutschland genannt wurden, in einfachen Unterkünften. Sie suchten auch selten Kontakt zu Deutschen und blieben unter sich, um sich dadurch ein wenig Heimat in der Fremde zu erhalten: die eigene Sprache, eigene Speisen, eigene Musik.

1973 war die wirtschaftliche Situation in der Bundesrepublik Deutschland nicht mehr so rosig wie in den Sechzigern, man befürchtete Arbeitslosigkeit. Mittlerweile arbeiteten 2,3 Millionen Ausländer in deutschen Betrieben. Ein Anwerbestopp wurde beschlossen, damit sich diese Zahl verringerte.

Exzerpieren/Zusammenfassen

Um sich Textaussagen gut ins Gedächtnis einzuprägen, ist es sinnvoll, sie zusammenzufassen. Ein **Exzerpt** ist eine Textzusammenfassung, die nur die wesentlichen Aussagen in eigener Formulierung wiedergibt. Ein Exzerpt kann schnell erstellt werden, wenn durch die ▶Drei-Stufen-Methode ein Text entsprechend vorbereitet ist. Du benutzt dazu die Markierungen, wobei die Kernwörter den Aufbau des Exzerptes bestimmen. Das Exzerpt sollte knapp gehalten werden (stell dir vor, dass du es als „Spickzettel" benutzen möchtest). ▶ S. 14

Beispiel:

„Gastarbeiter" in Deutschland

In den Sechzigerjahren brauchte die Industrie in Deutschland viele Arbeiter. Mit dem Ziel des Gelderwerbs kamen viele Ausländer nach Deutschland. Sie suchten die Heimat in der Fremde und blieben oft unter sich. Als die wirtschaftliche Situation schlechter wurde, beschloss man einen Anwerbestopp.

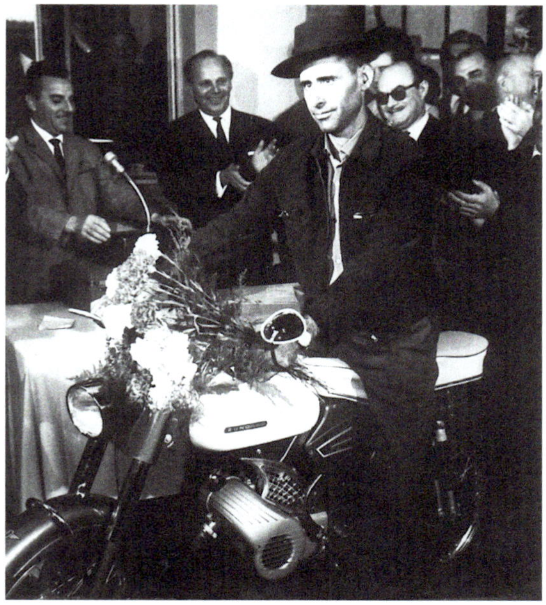

Der einmillionste Gastarbeiter wird in der Bundesrepublik begrüßt

Eine Tabelle zum Textinhalt anlegen

Informationstexte, die ein Sachgebiet darstellen, lassen sich zumeist gut in eine Tabelle umwandeln. Die Aufgabe besteht darin, die Aussagen, die im Text enthalten sind, sinnvoll in Zeilen und Spalten anzuordnen.

Beispiel:

Zeit	*Situation*	*Reaktion*
1960–1970	*Industrie in Deutschland wächst rapide – Arbeitskräfte fehlen*	*Anwerben von Arbeitern im Ausland*
1970–1973	*Die wirtschaftliche Situation verschlechtert sich*	*Ein Anwerbestopp wird beschlossen*
...	...	...

Informationen in einem Schema zusammenfassen

Enthält ein Text umfangreiche Informationen über verschiedene Teile eines Sachgebietes, lassen sich die Aussagen oft in einem Schema veranschaulichen. Durch Kästchen und Pfeile, die beschriftet werden können, werden Zusammenhänge zwischen den Einzelelementen deutlich.

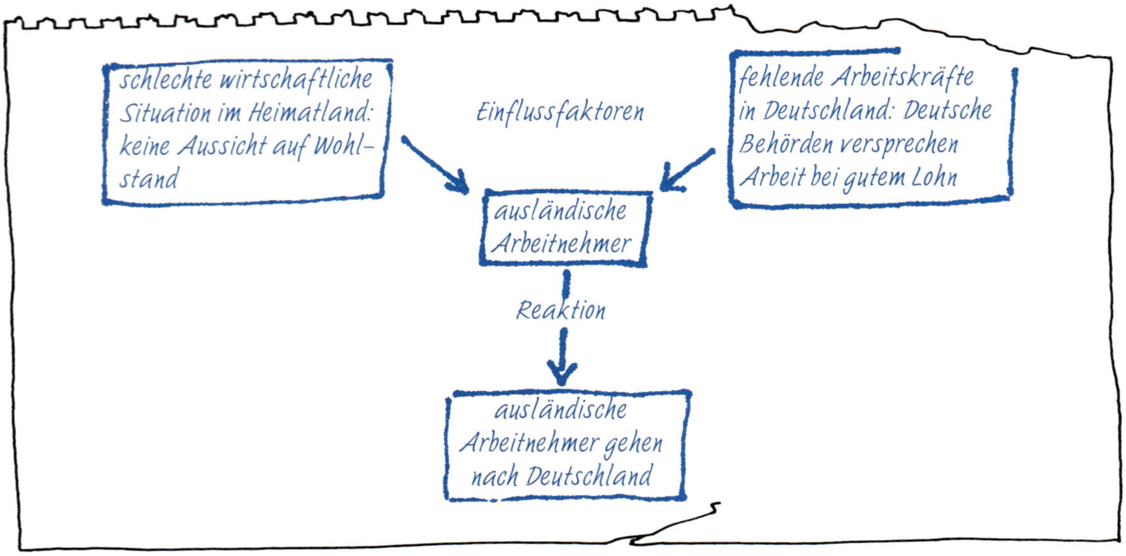

Fluss- oder Verlaufsdiagramme zu Texten anlegen

Texte, die Abläufe beschreiben, lassen sich als Flussdiagramm veranschaulichen. Ähnlich wie beim Schema wird hier mit Kästchen und Pfeilen gearbeitet, es können „Weichen" (oder-Alternativen) und „Schleifen" (Wiederholungen) eingefügt werden.

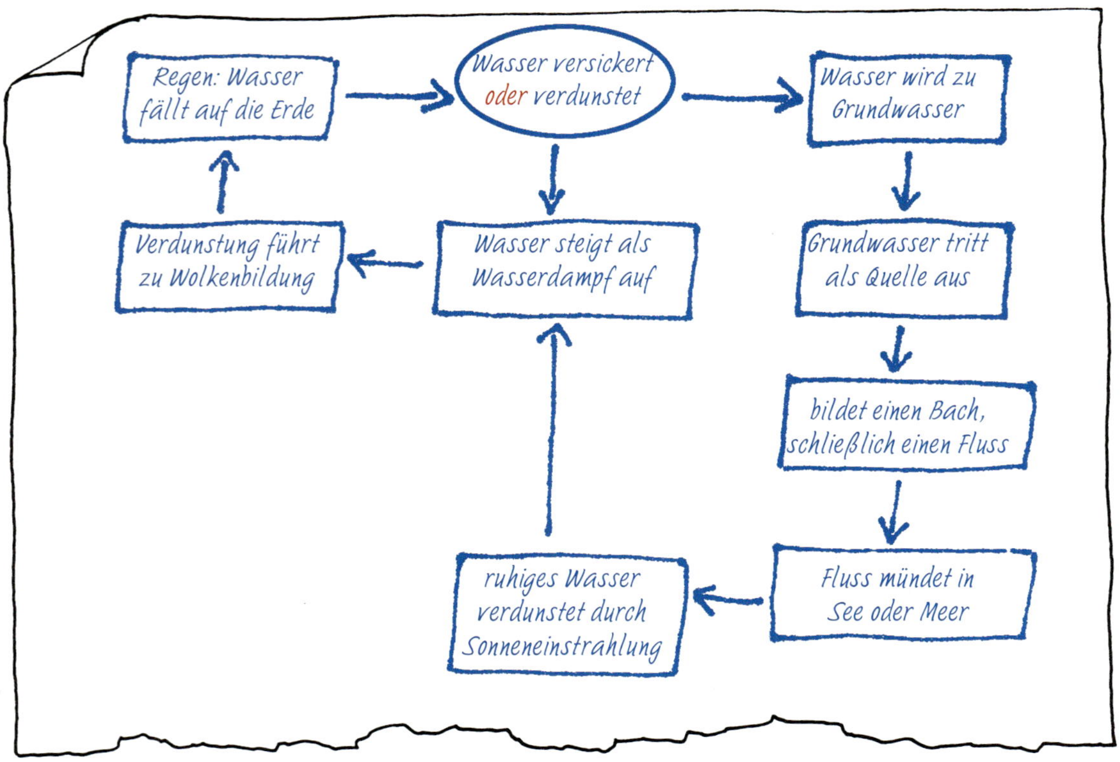

1.6 Lernstoff aufbereiten: Cluster, Mind-Mapping

Cluster und Mind-Map sind zwei Methoden, mit denen man größere Stoffbereiche in ihrem Zusammenhang gut veranschaulichen kann. Der Cluster dient als Methode der Stoffsammlung (z. B. für eine Problemerörterung) und der Ideenfindung, die Mind-Map ist zur Aufbereitung und Strukturierung des Lernstoffs (z. B. zur Gliederung einer schriftlichen Arbeit) geeignet.

Cluster

Der Cluster („Traube") ist eine assoziative Aneinanderreihung von Begriffen, die zusammenhängen, ohne dass bereits eine exakte logische Struktur sichtbar gemacht wird. Das Thema wird mit einem prägnanten Begriff in die Mitte eines leeren Blattes geschrieben und mit einem Kreis umgeben, dann werden weitere Begriffe und Ideen, die einem dazu einfallen, zugeordnet. Dazu schreibt man diese Begriffe ebenfalls jeweils in einen Kreis, der durch einen kurzen Strich mit dem Ausgangskreis verbunden wird. Zu jedem weiteren Begriff können wiederum Einfälle auf dieselbe Art und Weise notiert werden, sodass schließlich viele Stichwortkreise miteinander verbunden sind und alle Einfälle, Ideen und Assoziationen zu einem Ausgangsbegriff in Verbindung stehen. Die „Traube", der Cluster, ist komplett.

Das Clustern eignet sich besonders gut für eine erste Stoffsammlung und Ideenfindung. Um die Gedanken frei fließen zu lassen, sollte man sich nicht auf die innere Logik konzentrieren und zunächst auch abwegig erscheinende Ideen notieren. Sie können das „Tor" für weitere wichtige Assoziationen sein.

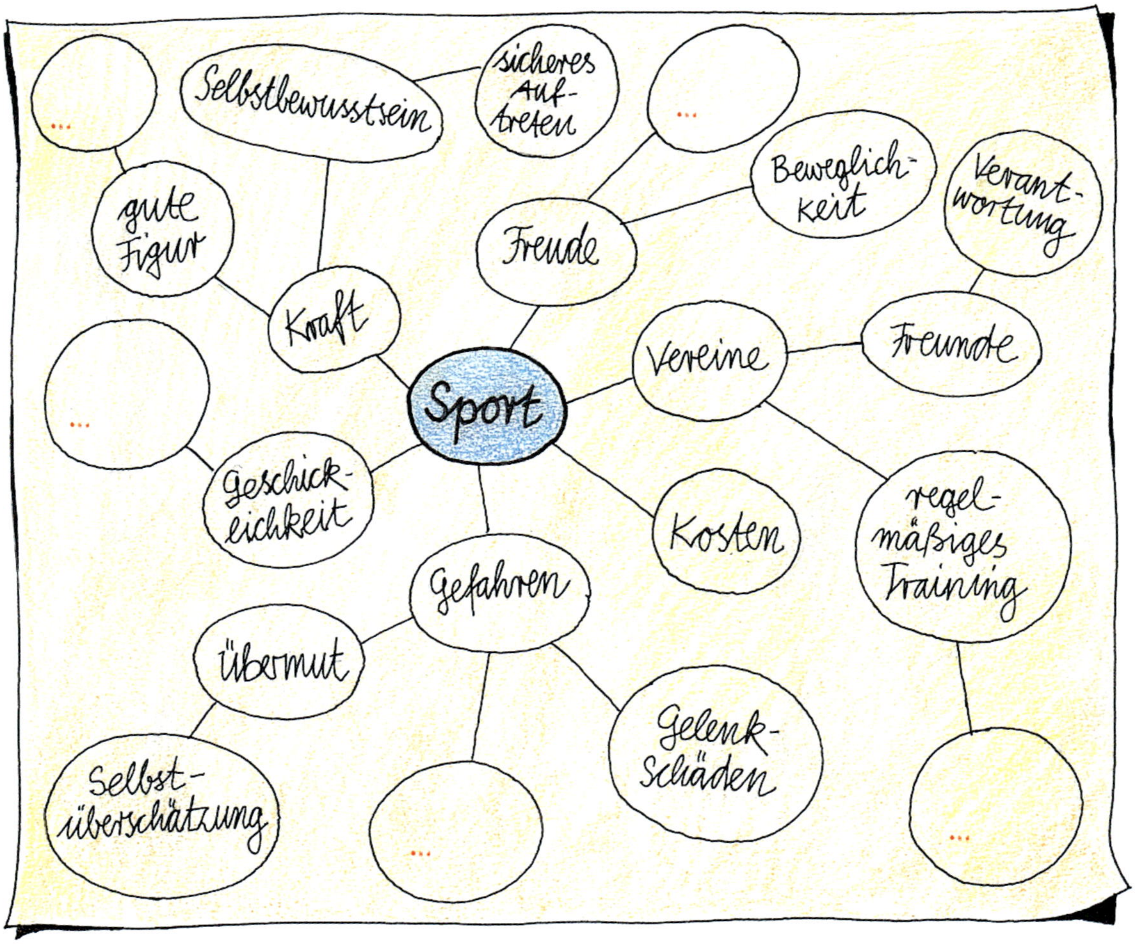

Mind-Map

Die Mind-Map („Gedanken-Landkarte") ist im Gegensatz zum Cluster stärker logisch und begrifflich geordnet. Ihr Ziel ist es, ein Sachgebiet oder ein Problem in seiner logischen Struktur überblicksartig zu präsentieren. Damit steht sie der Gliederung sehr nahe, allerdings hat sie eine einprägsamere Form.

Man erstellt eine Mind-Map, indem man vom Zentralbegriff, der das Thema angibt und der in die Mitte eines leeren Blattes in einen Kasten oder Kreis geschrieben wird, Striche (Pfade) in unterschiedlicher Stärke zeichnet, auf die in Großbuchstaben die Elemente der logisch nächsten Unterstufe geschrieben werden. Diese werden dann durch weitere Pfade mit Unterbegriffen differenziert. Eine Mind-Map erzwingt eine knappe Zusammenfassung, da Unterpunkte nach Möglichkeit mit einem Wort bezeichnet werden.

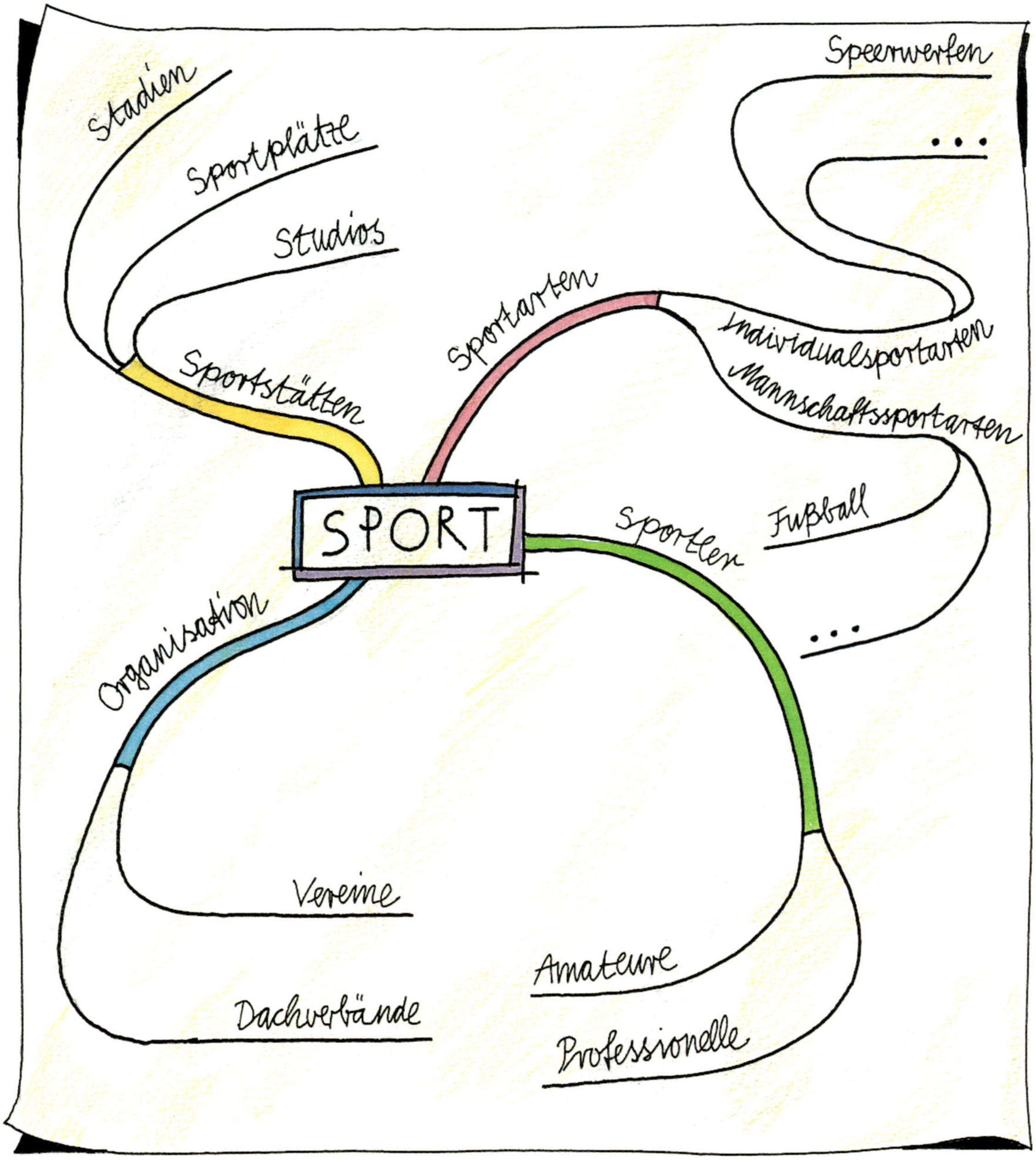

1.7 Referate verfassen und halten

Informationen einholen

Informationen über unterschiedlichste Sachbereiche sind durch Bücher, Zeitschriften, CD-ROMs, Videofilme, Interneteinträge zu erhalten. Dazu benutzt man verschiedene Hilfsmittel, die eine schnelle Orientierung ermöglichen:

Leihbüchereien verfügen über so genannte Kataloge, entweder in Karteiform oder als Datei im Computer, die allen Besuchern zugänglich sind. Neben dem alphabetischen Katalog, der die Autoren oder Herausgeber aller vorhandenen Werke alphabetisch auflistet, ist vor allem der Schlagwortkatalog für die thematische Suche wichtig.

In **Buchhandlungen** (oft auch in Bibliotheken) liegt das Verzeichnis aller lieferbaren Bücher (VLB) aus. Es ist alphabetisch aufgebaut und kombiniert Autoren und Schlagwörter. Hier erfährt man, welche Bücher oder Medien im Handel sind (vergriffene, d. h. nicht mehr lieferbare Bücher sind hier nicht aufgenommen!).

Im **Internet** helfen so genannte Suchmaschinen weiter. Das sind Hilfsmittel, die je nach Einstellungen weltweit oder in bestimmten Ländern nach Einträgen zu einem bestimmten Stichwort oder einer Stichwort-Kombination suchen und sie auf dem Bildschirm anzeigen.

Berufsausbildung

Horst H. Siewert:
Handbuch Praktikum –
Deutschland.
Erfolgreich bewerben
bei den besten Adressen.
interconnections,
Freiburg 2000, 224 S.

Berufsausbildung/Ratgeber

Handbuch Berufswahl. Entscheidungshilfen für Abiturienten. ◇**Reichart, Klaus.** 08/1997. 208 S. - 20,5 x 13,3 cm (campus concret., 21) 'Campus △' Kt 29,80/ÖS 218,-/SFr 28,80 <3-593-35812-3>

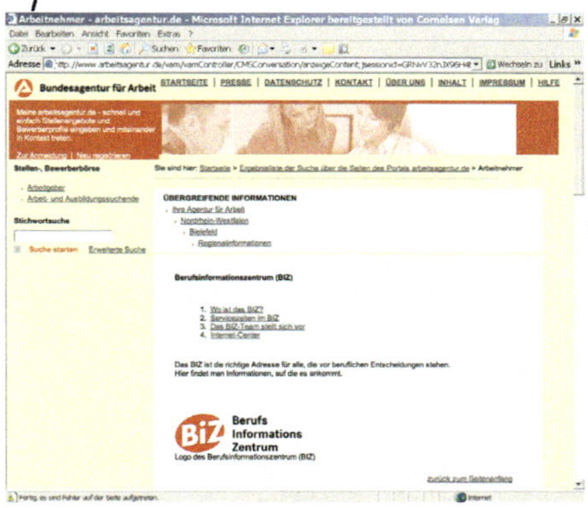

Verarbeitung der Informationen

Leitfragen zur Vorstellung eines Berufes

- *Welche Fähigkeiten sollten Bewerber haben?*
- *Welche Tätigkeiten verlangt der Beruf?*
- *…*

1. Leitfragen erstellen

Wonach willst du suchen, was interessiert am Thema besonders, worüber muss informiert werden?

2. Informationen auswerten

Beim Auswerten wendest du die üblichen ▶ Textbearbeitungsmethoden an: Kerninformationen markieren, am Rand zusammenfassen, Zitate exzerpieren (wörtlich herausschreiben), Informationen mit eigenen Worten zusammenfassend wiedergeben. ▶ S. 14–16

3. Gliederung erstellen („roter Faden")

Die Informationen, die zum Vortrag kommen sollen, ordnest du nach sachlichen Gesichtspunkten an; unter Umständen musst du Vorwissen oder Interesse der Zuhörer/innen mit bedenken.

4. Einleitung und Schluss gestalten

Einleitung und Schluss bilden den Rahmen des Referats. Die Einleitung muss das Interesse der Zuhörer wecken, dazu kann sie z. B. eine persönliche Bemerkung des Referenten über seine Einstellung zu dem vorgestellten Thema anbringen, eine Bemerkung über vermutete Reaktionen der Zuhörer machen usw.

Ich vermute, dass ihr bei dem Beruf eines landwirtschaftlich-technischen Assistenten zuerst an einen Mann auf einem Traktor denkt, der im Frühjahr den Dünger aufs Feld fährt. So waren zumindest meine ersten Vorstellungen. Umso erstaunter war ich, als ich mich intensiver mit diesem Berufsbild beschäftigte. Die landwirtschaftlich-technischen Assistenten und Assistentinnen benutzen weit öfter den Rechner und das Mikroskop als den Traktor und den Pflug.

Der Schluss sollte die zentralen Informationen noch einmal wiederholen und mit einer abschließenden Bemerkung an die Einleitung anknüpfen.

Fassen wir noch einmal zusammen: Viele abwechslungsreiche Tätigkeiten in Forschungsinstituten, im Bereich der Entsorgung, in der Nahrungsmittelüberwachung; Spezialisierungsmöglichkeiten; ein Beruf, der in Zukunft immer öfter gefragt sein wird. Eingangsbedingung ist die Fachoberschulreife, man sollte gute mathematisch-naturwissenschaftliche Kenntnisse mitbringen und Interesse an technischen Abläufen haben. Die Ausbildungszeit beträgt zwei Jahre.
Wir haben dieses Referat mit einem Hinweis auf ein Mikroskop begonnen, wir haben diesen Beruf selbst wie unter dem Mikroskop zerlegt betrachtet. Ich hoffe, dass ich euch eine genaue Vorstellung vermitteln konnte.

Präsentation vorbereiten

1. Vortragskarten erstellen

> Karte Nr. 7: landwirtschaftlich-technischer Assistent
> Hauptteil Punkt 5:
> Aufgabenbereich in der Züchtung
> Pflanzen: Hilfe bei
> • experimentellen Kreuzungen von Pflanzen
> • Eingriffen in das Erbgut (Gen-Technik)
> • der Selektion (Auslese) von Pflanzen mit erwünschten Leistungsmerkmalen
> Beispiel: Forschungsvorhaben zur Stärkung der Widerstandskraft von Weizen gegen Schädlinge

Referate sollen frei vorgetragen werden. Die ausformulierte Fassung kann dabei eher hinderlich sein. Besser ist eine Zusammenstellung der wichtigsten Stichworte auf Karteikarten. Dabei sollte man auf eine große, gut lesbare Schrift achten. Verschiedene farbige Markierungen verhelfen zu einer schnellen Orientierung (Zitate, Kernwörter, Anschauungsmaterial).

2. Anschauungsmaterialien auswählen

Informationen, die nur gehört werden, werden wesentlich schlechter behalten als solche, die gehört und gesehen werden. Daher solltest du genau überlegen, an welchen Stellen du Bilder, Schaubilder an der Tafel oder auf dem Tageslichtprojektor, Hör- oder Filmbeispiele einfügen willst. Achte aber darauf, dass diese Medien unterstützenden Charakter behalten: Ein Film ist kein Referat.

Tipps für freies Vortragen

Für den Redner:

- Schachtelsätze vermeiden,
- Pausen einlegen, Wiederholungen einfügen,
- Redetempo und Lautstärke wechseln,
- Blickkontakt mit den Zuhörern halten,
- durch ▶Körpersprache das Gesagte unterstreichen (Haltung, Gestik, Mimik beachten).

▶ S. 145

Für die Zuhörer:
aktiv zuhören, d. h.
- den Blickkontakt mit dem Sprecher halten,
- dem Gesagten nonverbal zustimmen,
- emotional mitgehen,
- den Vortrag nicht durch voreilige Fragen unterbrechen.

1.8 Protokollieren

Protokollieren ist eine spezielle Art des Berichtens. Hierfür gibt es eine feste äußere Form:

- Protokollkopf (Titel der Veranstaltung, Datum, Uhrzeit, Ort, Anwesende, Protokollant/in, Thema),
- Gliederung des Hauptteils in Punkte, z. B. Tagesordnungspunkte (TOPs),
- Datum und Unterschrift.

Konzentrierst du dich eher auf die Ergebnisse z. B. einer Diskussion, schreibst du ein **Ergebnisprotokoll.**
Ein Ergebnisprotokoll kann man sachlogisch strukturieren, d. h., man kann verschiedene Aussagen zu einem Themenaspekt zusammenfassen, auch wenn sie in der Diskussion zeitlich getrennt waren. Ein Ergebnisprotokoll ist außerdem deutlich kürzer als ein Verlaufsprotokoll. Tempus des Ergebnisprotokolls ist das **Präsens**. Die Beiträge einzelner Teilnehmer/innen werden in der **indirekten Rede** wiedergegeben (Konjunktiv!).
Diese Form eignet sich ebenfalls für **Stundenprotokolle**.

Sankt-Adelheid-Gymnasium Bonn

Schülerratssitzung am 23.10.2001, SV-Raum, 14.00 Uhr - 15.30 Uhr

Anwesende: M. Müller, T. Iking, M. Forstbauer, S. Koch, J. Dreher
entschuldigt: R. Reiser
Protokollantin: Maria C. Müller

TOP 1: UNICEF-Solimarsch der Bonner Gymnasien am 19.11.2000

Folgende Aspekte werden angesprochen:
a) Werbung für den Marsch in den Klassen
b) Begleitung durch Lehrer/innen
c) Einsammeln der Sponsorengelder

zu a: In den Klassen werden die Sponsorenzettel verteilt. Thiemo übernimmt die 8., Susanne die 9. und Marina die 10. Klasse. In der Eingangshalle werden große Plakate aufgehängt (Stadtschülervertretung).
zu b: Bisher haben 8 Lehrer und Lehrerinnen ihre Teilnahme zugesagt. Es sollen noch weitere angesprochen werden (Jürgen). Maria spricht deswegen morgen Herrn Bacher an. Sie berichtet, dass er bereits seine Bereitschaft zur Unterstützung signalisiert habe.
zu c: Um Verdächtigungen vorzubeugen, sollen Gelder immer von jeweils zwei Personen angenommen werden. Die Klassensprecher/innen und Vertreter/innen sammeln das Geld in den Klassen ein und geben es in der Woche nach dem Marsch in den großen Pausen im SV-Raum ab. Dort stehen immer zwei Schülerratsmitglieder bereit:
Montag und Mittwoch: Robert und Susanne
Dienstag und Donnerstag: Maria und Marina
Freitag: John und Thiemo

TOP 2: Ausleihe von Spielmaterial in den großen Pausen
...

Willst du über den genauen Verlauf eines Ereignisses, einer Unterrichtsstunde, einer Diskussion oder eines naturwissenschaftlichen Experiments berichten, musst du ein **Verlaufsprotokoll** anfertigen. Hier kann man das Präteritum als Tempus wählen.

Goethe-Gymnasium
Klasse 10 a

<u>Ernährungslehre am 23.9.2001 – Thema: Herstellung eines Hefeteigs</u>

10.35 Uhr – 12.05 Uhr, Schulküche

Protokollant: Marius Müller

Verlauf
1. Vorbereitung
2. Durchführung
3. Erläuterungen zum Treibvorgang

zu 1: Frau Labnow erklärte uns zu Beginn der Stunde, dass ein Hefeteig nur unter bestimmten Voraussetzungen herzustellen ist: Mehl und warmes Wasser oder warme Milch, eventuell Zucker, Frisch- oder Trockenhefe würden miteinander zu einem Teig vermengt, der darauf – am besten bei etwa 30 Grad Celsius – ruhen müsse.
Sie hatte für jede Gruppe die entsprechenden Materialien mitgebracht. Die Aufgabe bestand darin, vier Teige pro Gruppe herzustellen:
je zwei aus Frisch- bzw. Trockenhefe, jeweils einen dieser zwei mit Hilfe eines Vorteiges, den anderen im kompletten Mischverfahren.

zu 2: Die Gruppen teilten sich entsprechend auf, im Folgenden beschreibe ich zunächst die Herstellung mit Frischhefe.
a) Frischhefe mit Vorteig (süß)
Von der bereitgestellten Menge Mehl wurde ein kleiner Teil mit einem zerbröckelten Würfel Hefe, einem Löffel Zucker und etwas lauwarmer Milch in einem Schälchen gemischt. Diese Mischung wurde mit einem Teller zugedeckt und in ein Wasserbad gestellt. In der Zwischenzeit wurden der Rest des Mehls und des Zuckers gemischt. Nach etwa 12 Minuten wurde der Vorteig aus dem Wasserbad geholt. Es hatten sich viele Bläschen an der Oberfläche gebildet ...

zu 3: ...

Königswinter, den 24.9.2001

Marius Müller

1.9 Bewerbungsschreiben und Lebenslauf

Das Bewerbungsschreiben

Ob für einen Ausbildungs- oder einen Praktikumsplatz, das Bewerbungsschreiben ist immer so etwas wie eure Visitenkarte. Es bestimmt den ersten Eindruck, den man von euch gewinnt.
Daher muss es mit großer Sorgfalt und Sauberkeit erstellt werden und darf keine Fehler enthalten.
Das Anschreiben wird aufgebaut wie ein Geschäftsbrief:

Angelika Koch
Roncallistraße 55
53842 Rungsheim
Tel. 02241 12345

Rungsheim, den 12.1.2006

Firma
Sulzbacher GmbH
Personalabteilung
z. Hd. Frau Müller
Weststraße 17–23
52344 Salzstetten

> Vollständige Anschrift des Betriebes, möglichst Ansprechpartner und Abteilung angeben.

Bewerbung um einen Ausbildungsplatz als Bürokauffrau

> Warum schreibst du diesen Brief?

Sehr geehrte Frau Müller,

bei der Agentur für Arbeit in Köln habe ich erfahren, dass Ihre Firma auch in diesem Jahr Auszubildende einstellt. Ich möchte mich deshalb bei Ihnen um einen Ausbildungsplatz als Bürokauffrau bewerben.

> Um welchen Ausbildungsplatz bewirbst du dich? Korrekte Bezeichnung.

Zurzeit besuche ich die Heinrich-Böll-Schule in Rungsheim, die ich voraussichtlich im Juni 2006 mit der Fachoberschulreife verlassen werde.

> Der Arbeitgeber möchte wissen: Was machst du zurzeit? Wann verlässt du die Schule? Welchen Abschluss strebst du an?

Ich interessiere mich für einen kaufmännischen Beruf und arbeite deshalb auch ab und zu im Büro des Schlossereibetriebs meiner Eltern mit. Im Informationszentrum der Agentur für Arbeit und bei einer Betriebserkundung mit den 10. Klassen unserer Schule konnte ich weitere Einblicke in die Aufgaben des von mir angestrebten Berufes erhalten.

> Hier müssen einige stichhaltige Gründe für deinen Ausbildungswunsch angegeben werden.

Ich würde mich freuen, wenn Sie mich zu einem Vorstellungsgespräch einladen würden.

Meinen Lebenslauf, eine Fotokopie des letzten Zeugnisses und ein Passfoto lege ich diesem Schreiben bei.

Mit freundlichen Grüßen

Angelika Koch

3 Anlagen

> Was fügst du diesem Brief bei?

Der Lebenslauf

Ein Lebenslauf muss fehlerfrei und sorgfältig erstellt werden. In der Regel wird er in einer tabellarischen Form und maschinenschriftlich erwartet. Nur noch selten wird die handschriftliche Form ausdrücklich verlangt.

Lichtbild vom Fotografen, Name und Anschrift auf die Rückseite, leicht ankleben.

Lebenslauf

Persönliche Daten:	
Name:	Angelika Koch
Anschrift:	Roncallistraße 55 53842 Rungsheim
Geburtsdatum:	12.5.1990
Geburtsort:	Düsseldorf
Eltern:	Wilhelm Koch, Schlossermeister Ingeborg Koch, geb. Wenzel, kaufmännische Angestellte
Geschwister:	eine jüngere Schwester
Schulischer Werdegang:	
1996 bis 2000:	Grundschule Wolperather Straße, Wahldorf
2000 bis 2006:	Heinrich-Böll-Gymnasium, Rungsheim angestrebter Abschluss: Fachoberschulreife
Berufserfahrung:	
seit 2004:	Mitarbeit im Büro des elterlichen Betriebes
2005:	dreiwöchiges Schulpraktikum in der kaufmännischen Abteilung der Firma Meier, Köln
Sprachkenntnisse:	Englisch (Schulkenntnisse und Sommersprachkurs in London 2005) Französisch (Grundkenntnisse)
Weitere Qualifikationen:	
seit 2004:	Jugendarbeit im Sportverein
2005:	Schreibmaschine (Grundkurs der IHK)
Persönliche Interessen:	Volleyball, Computer, Lesen

Rungsheim, den 12.1.2006

Angelika Koch

Wie sind deine persönlichen Verhältnisse beschaffen?

Welche Schulen hast du besucht? Welche Abschlüsse hast du erreicht, welche strebst du an?

Besitzt du Erfahrungen in dem angestrebten Berufsfeld?

Über welche besonderen Kenntnisse verfügst du? Sprachkenntnisse? Soziales Engagement?

Welche persönlichen Interessen und Hobbys hast du?

Wichtig: Ort, Datum, Unterschrift.

Tipps für Bewerbungsschreiben und Lebenslauf

Beim Abfassen von Bewerbungsschreiben und Lebenslauf sollte man folgende Punkte beachten:

Äußeres
- Weißes Papier, einseitig beschreiben, DIN A 4
- Ränder links und rechts (2,5–3 cm)
- Sauberkeit, keine Flecken usw.
- Zeugnisse und Nachweise neu und gut lesbar kopiert
- Alle Unterlagen in einem Klemmordner oder Schnellhefter in der Reihenfolge: Bewerbungsschreiben, Lebenslauf, Zeugniskopien
- Bewerbungsfoto (am besten vom Fotografen!)
- Großer Umschlag, ausreichend frankieren

Aufbau und Inhalt des Bewerbungsschreibens
- Anschreiben: Name, Adresse, Ort und Datum, Empfängeranschrift
- Bezugszeile: „Bewerbung zum …"/ „Ihr Angebot vom …"
- Anrede (wenn bekannt: zuständige Person in der Personalabteilung, sonst „Sehr geehrte Damen und Herren, …")
- Text mit der Begründung, warum man für diese Stelle geeignet ist und warum man sich bei diesem Unternehmen bewirbt
- Übersichtliche Gliederung in Absätze
- Bitte um ein Vorstellungsgespräch
- Grußformel („Mit freundlichen Grüßen")
- Unterschrift
- Anlagen

Sprachlicher Ausdruck
- Satzbau klar und abwechslungsreich
- Präzise und angemessene Formulierungen
- Unnötige Wiederholungen und Füllwörter vermeiden

Vollständigkeit des Lebenslaufs
- Lückenloser Lebenslauf, in der Regel tabellarisch: persönliche Daten (Name, Anschrift, Geburtsdatum, -ort, Eltern, Geschwister), Schulbildung, eventuell Praktika, Ferienjobs, Aushilfstätigkeiten
- Besondere Kenntnisse (Computer, außerschulische Kurse, Sprachkenntnisse, evtl. Hobbys)
- Ort, Datum, Unterschrift
- Foto rechts oben leicht angeklebt, Name und Adresse auf der Rückseite

Rechtschreibung
- Anredepronomen: Höflichkeitsform, in allen Fällen großschreiben („Sie"/„Ihr"/„Ihnen"…)
- Nomen und ▶Nominalisierungen großschreiben ▶ S. 61
- Getrennt- und Zusammenschreibung im Wörterbuch (z. B. Duden) überprüfen
- Fremdwörter im Wörterbuch oder Fremdwörterlexikon überprüfen

Zeichensetzung
- Alle Sätze/Satzgefüge mit Punkt beenden
- Kommagrundregel 1 beachten: Im ▶Satzgefüge trennt das Komma Haupt- und Nebensätze. ▶ S. 69
- Kommagrundregel 2 beachten: Bei einer Aufzählung trennt das Komma die einzelnen Glieder (Wörter, Wortgruppen, Sätze) voneinander, wenn sie nicht durch „und" bzw. „oder" verbunden sind.
- Kommagrundregel 3 beachten: Das Komma trennt im Satz alles ab, was den normalen grammatischen Ablauf unterbricht (Einschübe, Voranstellungen, Nachträge).

2 Sprechen und Schreiben

2.1 Mündlicher und schriftlicher Sprachgebrauch

Mündlicher und schriftlicher Sprachgebrauch unterscheiden sich vor allem im Hinblick auf Satzbau, Tempus und Ausdrucksmöglichkeiten: Der Satzbau ist im mündlichen Sprachgebrauch in der Regel einfacher gestaltet. Häufiger werden Sätze unterbrochen, wenn der Sprecher merkt, dass sein Gegenüber verstanden hat, was er sagen will. Der Hörer reagiert unmittelbar auf das Gehörte, sodass der Sprecher merkt, wo etwas unklar geblieben ist und wo er noch genauer erklären muss. Der Sprecher hat überdies die Möglichkeit, mit Gesten, Gesichtsausdrücken und Betonung seine Informationen zu begleiten. Die Vergangenheit wird im mündlichen Sprachgebrauch häufiger durch die Verwendung des **Perfekts** ausgedrückt.

Im schriftlichen Sprachgebrauch kommt es vor allem auf den exakten und eindeutigen Ausdruck an, da der Leser nicht unmittelbar nachfragen kann, wenn ihm etwas unklar bleibt. Die Sätze sind meist umfangreicher, grammatisch korrekter und müssen logisch widerspruchsfrei aufgebaut sein. Die Vergangenheit wird in der Regel durch das **Präteritum** ausgedrückt.

2.2 Erzählen – Nacherzählen – Schildern

Erzählplan und Erzählaufbau

Wenn man schriftlich oder mündlich erzählen will, ist es wichtig. sich einen Erzählaufbau zu überlegen. Zuerst einmal kann man Ideen sammeln und sie ungeordnet auf einzelnen Zetteln notieren, dann aber sollte man sich eine Reihenfolge überlegen, in der man den Erzählstoff darbieten will:

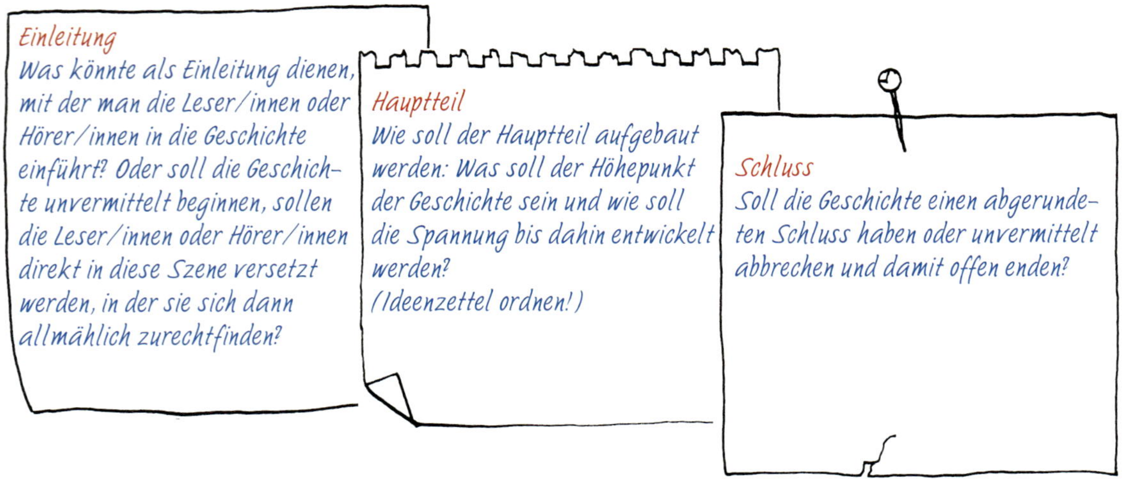

Durch eine **Einleitung** kann man die Leser/innen oder Hörer/innen in die Geschichte einführen. Man macht zum Beispiel mit dem Ort und der Zeit des Geschehens vertraut und/oder stellt die Hauptfigur(en) vor.
Der **Hauptteil** enthält dann den Kern der Geschichte, das Geschehen, um das es in der Erzählung geht.
Für den **Schluss** kann man sich überlegen, ob man die Geschichte ausklingen lassen will, indem man zum Beispiel noch einen Anstoß zum weiteren Nachdenken, eine so genannte Lehre, anfügt, oder ob man sie unvermittelt abbrechen lässt. Man kann der Geschichte auch eine Art Rahmen geben, indem man auf die Einleitung am Ende noch einmal zurückkommt.

Anschaulich erzählen

Bei der Ausgestaltung einer Erzählung sollte man darauf achten, die Aufmerksamkeit des Lesers/Hörers zu wecken und zu erhalten.
Wenn man etwas anschaulich erzählen will, sollte man sich Ereignisse und Figuren **genau vorstellen.** Man malt sich aus,

- wie etwas aussieht und wie es sich bewegt,
- welche Laute und Geräusche zu hören sind,
- wie etwas riecht oder schmeckt,
- wie es sich anfühlt oder was auf der Haut zu spüren ist (z. B. ein Luftzug).

Beim Formulieren sollte man darauf achten,

- **treffende Verben** (statt „gehen" z. B.: *bummeln, eilen, hasten, schlendern, schreiten …*),
- **veranschaulichende Adjektive** (statt „schön" z. B.: *wunderbar, makellos, herrlich …)* und
- **Vergleiche** (statt „sagen" z. B.: er brüllte *wie ein gereizter Stier …)* zu verwenden.

Außerdem kann man zum Beispiel durch den Gebrauch der ▶**wörtlichen Rede** eine Geschichte lebendiger und dramatischer gestalten (Figurenrede). ▶ S. 73
Neben der äußeren Handlung kann man auch das innere Geschehen wiedergeben. Dabei macht man klar, welche **Gefühle und Gedanken** das Geschehen bei jemandem auslöst. Dadurch nimmt der Leser/Hörer stärker Anteil an den Figuren und kann sich besser in sie hineinversetzen.
Wichtig ist es auch, auf das **Erzähltempus** zu achten; so kann man zum Beispiel durch den Wechsel vom Präteritum (der Tempus-Grundform des Erzählens) ins Präsens Spannung erzeugen.

Feuer!

Montagmorgen, 10.35 Uhr: 28 Schülerinnen und Schüler der 7c kamen aus der Pause in den Klassenraum, um sich nach Ballspiel und Frühstück mit Mathematik zu befassen. Eine gewisse Anspannung lag im Raum, denn heute wollte Frau Ullendorf die Mathematikarbeit zurückgeben, über der die Klasse vor einer Woche gebrütet hatte.
„Wenn ich wieder eine Vier habe", klagte Rebecca, „bekomme ich mächtig Ärger zu Hause."
„Wem sagst du das, ich habe schon eine Fünf auf dem Konto", gab Anne zurück.
Die Tür flog auf und ihre Lehrerin betrat schwungvoll den Raum. „Guten Morgen, meine Damen und Herren!"
„Sie ist gut gelaunt", dachte Rebecca, „das kann nur ein gutes Zeichen sein, bei der letzten Mathematikarbeit kam sie schon ganz mürrisch in die Klasse."
„Die Arbeit ist gar nicht schlecht ausgefallen", begann die Lehrerin, ich bin recht zufrieden. Offensichtlich hat sich unser Training gelohnt. Mathematik ist wie Sport: Ohne Übung erreicht man nichts!"
Während Frau Ullendorf die der Klasse schon bekannten Sprüche klopfte, ging eine merkwürdige Veränderung unter den Schülern vor: Zunächst war es nur Bettina aufgefallen, die nahe bei der Tür saß, dann aber auch Kathrin und Ruth. Die stieß Mark, ihren Banknachbarn, an: „Riechst du nichts?"
„Nein, was denn?", fragte er.
„Typisch Jungs! Riechen nichts! Das ist Rauch. Hier brennt's irgendwo."
Im selben Moment ertönt die Schulglocke dreimal kurz hintereinander: das Zeichen für Brandalarm. Frau Ullendorf verstummt zunächst entgeistert, findet dann aber schnell die Fassung wieder, um die Klasse, die wie eine Horde aufgeschreckter Affen durcheinanderschreit, zu beruhigen …

Eine Geschichte weitererzählen

Wenn der Anfang einer Erzählung, Fabel, Kalendergeschichte, Anekdote usw. vorgegeben ist, den man weitererzählen soll, muss man darauf achten, **Brüche im Erzählablauf** zu vermeiden. Man muss also Ort, Zeit und Atmosphäre der Geschichte im Auge behalten.
Auch soll die **Darstellung der Figuren** zu der Vorlage passen; so kann man sich zum Beispiel fragen, ob die Figuren als individuelle Charaktere wichtig sind und daher von außen sowie in ihrem Innenleben genau beschrieben werden müssen.
Schließlich ist noch auf die **Erzählabsicht** zu achten: Soll die Geschichte auch belehren oder nur unterhalten? Das kann man an der Erzählweise der Vorlage erkennen, die man weiterführen soll.

Erzählkerne ausgestalten

Geht es darum, einen Erzählkern (eine kurze Darstellung des Handlungsgerüsts in der Art einer Inhaltsangabe oder Zeitungsmeldung) auszugestalten, sollte man auf Folgendes achten:

- Man lässt die Atmosphäre einer Geschichte durch genaue, anschauliche Schilderungen, in denen man möglichst viele Sinneseindrücke wiedergibt, deutlich werden.
- Man wählt eine Erzählperspektive aus, die den Lesern oder Hörern das Geschehen nahebringt; das kann ein Ich-Erzähler sein, der das Geschehen miterlebt (hat), aber nur seine eingeschränkte, subjektive Sicht besitzt, oder ein/e Er-/Sie-Erzähler/in, der/die allwissend über dem Geschehen steht.
- Man lässt von den Figuren durch genaue Darstellung ihres Äußeren und Inneren (Gedanken, Gefühle) sowie durch Rückblenden auf ihre Vorgeschichte ein lebendiges Bild entstehen.
- Man verwendet Spannung erzeugende Stilmittel, z. B. Pronomen, deren Bedeutung erst später klar wird, oder lenkt die Aufmerksamkeit der Leser/innen durch Wiederholungen auf bestimmte Leitmotive.

Im folgenden Beispiel eines Erzählanfangs wird zu der Zeitungsmeldung eine Geschichte aus der Sicht eines Jungen geschildert, der den Brand mitverursacht hat. Die Verfasserin nutzt auch das Mittel der Rückblende:

Pavillon im Kurviertel abgebrannt

Burtscheid – Zu einem Schwelbrand wurde die Feuerwehr gestern nach Burtscheid gerufen. Hinter einem alten Kinosaal aus den 30er-Jahren war ein Pavillon angezündet worden. Mit drei Löschzügen fuhren die Feuerwehrleute um 14.25 Uhr vor. Bereits 13 Minuten später hatten sie den Brand gelöscht. Der Sachschaden wird auf 25 000 Euro geschätzt. Als Brandverursacher werden Kinder verdächtigt, die hinter dem Pavillon beim Feuermachen beobachtet worden waren. Die benachbarte Kindertagesstätte war jedoch zu keinem Zeitpunkt in Gefahr. Die Polizei nahm bereits gestern die Ermittlungen auf.

Der Brand im Pavillon

Das wollten wir nicht, nein, das wollten wir wirklich nicht! Peter, mein Freund aus dem Hort, hatte mir sein neues Feuerzeug gezeigt und vorgeschlagen, dass wir uns vor der Hausaufgabenstunde zum alten Schuppen absetzen sollten. Ich wollte es zuerst gar nicht, es hatte vor drei Wochen, als uns unsere Gruppenleiterin gesucht hatte, schon genug Ärger gegeben. Die kann sauer sein, sage ich euch! Aber Peter hat mich wie immer herumgekriegt – er hat mir versprochen, dass ich auch mal mit seinem Feuerzeug Papier anzünden darf …

Nacherzählen

Wenn man eine Geschichte nacherzählt, gibt man mit eigenen Worten die Ereignisse in der gleichen Reihenfolge wieder, wie der Autor oder die Autorin sie erzählt hat. Das Nacherzählen soll lebendig und möglichst genau sein. Die Zeitstufe der Textvorlage wird beibehalten; meist ist es das Präteritum.

Beim mündlichen Nacherzählen kann man sich auf eine Gliederungsskizze stützen, die die einzelnen Erzählschritte in Stichpunkten oder Zwischenüberschriften festhält. Das Erzähltempus ist hier zumeist das Perfekt.

Beispiel für eine Gliederungsskizze:

Till Eulenspiegel beim Schneider

Einleitung

Till wird bei einem Schneidermeister in Berlin als Geselle aufgenommen.

Hauptteil

Tills Streiche

1. Streich: Till soll „unsichtbar nähen" – er kriecht unter den Tisch.

2. Streich: Till soll den „Wolf" (Bauernrock) fertig machen – er macht einen Wolf daraus.

3. Streich: Till soll „Ärmel anwerfen" (einnähen) – er wirft die ganze Nacht die Ärmel gegen einen Mantel.

Schluss

Streit mit dem Meister und Abschied Tills

Schildern

Wenn man schildert („Schilderer" = Maler), versucht man mit Wörtern zu „malen", mit Sprache ein stimmungshaltiges Bild zu entwerfen. Adjektive, Vergleiche und vor allem treffende Verben machen den geschilderten Sachverhalt besonders anschaulich.

Im Unterschied zum eher nüchternen Beschreiben will das Schildern Leserinnen und Lesern etwas eindringlich nahebringen, sie in eine Handlung oder eine Situation „hineinziehen". Dabei wird in besonderer Weise die Fantasie angeregt. Schilderungen verbinden meist die Darstellung der Außenwelt mit den Gedanken und Empfindungen des Betrachters.

Beispiel:

Georg Britting: Brudermord im Altwasser

Das sind grünschwarze Tümpel, von Weiden überhangen, von Wasserjungfern übersurrt, das heißt: wie Tümpel und kleine Weiher, und auch große Weiher ist es anzusehen, und es ist doch nur Donauwasser, durch Steindämme abgesondert vom großen, grünen Strom, Altwasser, wie man es nennt. Fische gibt es im Altwasser, viele, Fischkönig ist der Bürstling, ein Raubtier mit zackiger, kratzender Rückenflosse, mit bösen Augen, einem gefräßigen Maul, grünschwarz schillernd, wie das Wasser, darin er jagt. Und wie heiß es hier im Sommer ist! Die Weiden schlucken den Wind, der draußen über dem Strom immer geht. Und aus dem Schlamm steigt ein Geruch wie Fäulnis und Kot und Tod. Kein besserer Ort ist zu finden für Knabenspiele als dieses grün dämmernde Gebiet. Und hier geschah, was ich jetzt erzähle ...

2.3 Berichten

Berichtende Texte sollen informieren. Wenn man über ein vergangenes Ereignis berichtet, muss man überlegen, zu welchem Zweck die Hörer/innen oder Leser/innen die Information benötigen.
Texte, die z. B. Polizei, Feuerwehr, Gericht oder auch Versicherungen zur Rekonstruktion eines Geschehens benötigen, müssen knapp und präzise sein. Solche Texte werden sachlich abgefasst, d. h., sie enthalten keine unwichtigen, ablenkenden Informationen, keine Gefühle und Wertungen.
Wenn in einer Zeitungsredaktion oder in einer Polizeistation z. B. ein **Unfallbericht** verfasst wird, dann sollten die Verfasserinnen und Verfasser

- Vermutungen von **Tatsachen** unterscheiden; in der Regel wird auf die Mitteilung von Vermutungen verzichtet;
- Ereignisse **sachlich** wiedergeben, also die persönliche Betroffenheit nicht einfließen lassen;
- alles relativ **knapp** mitteilen, indem sie Wichtiges von Unwichtigem unterscheiden und auf die Erwähnung von Nebensächlichem verzichten;
- die richtige **zeitliche Reihenfolge** der Ereignisse einhalten.

Berichte geben in der Regel Antworten auf die so genannten W-Fragen:

Tretroller angefahren

Hennef – Glück im Unglück hatte ein achtjähriger Schüler am Montag gegen 13.15 Uhr. Er wollte mit seinem Tretroller die Bonner Straße überqueren und achtete dabei nicht auf den Verkehr. Eine 65-jährige Pkw-Fahrerin aus St. Augustin, die aus Wardt kommend in Richtung Schützenstraße unterwegs war, fuhr kurz hinter der Stoßdorfer Straße den Jungen an, als er vom linken Gehweg auf die Straße lenkte. Mit der rechten Fahrzeugkante stieß der Wagen gegen die Lenkstange des Rollers. Der Achtjährige stürzte und verletzte sich leicht, sein Zweirad wurde erheblich beschädigt.

Wer?
Wann?
Wo?
Warum?
Wer?
Was?
Warum?
Wie?
Welche Folgen?

W er / as / o / ann / ie / arum / elche Folgen **?**

In berichtenden Texten tauchen verschiedene Tempusformen der Vergangenheit auf:

- Beim mündlichen Berichten über etwas Vergangenes verwendet man oft das **Perfekt** („Ich *habe vergessen* …“).
- Bei schriftlichen Berichten wird dagegen meist das **Präteritum** benutzt („Schwere Verletzungen *erlitt* …“).
- Bei Vorzeitigkeit wird in beiden Fällen das **Plusquamperfekt** verwendet („Nachdem der Lastwagen die Ladung *verloren hatte*, fuhren zwei Pkws …“).

Texte wie z. B. **Reportagen,** die aus einer persönlichen Perspektive von einem Geschehen berichten, dürfen durchaus auch Gedanken, Gefühle sowie spannungssteigernde Ausdrücke und Wertungen enthalten. Dabei gehen berichtende, erzählende und beschreibende Passagen häufig fließend ineinander über.

2.4 Beschreiben – Erklären – Informieren

Beschreibungen sind im Alltag der Menschen hilfreich und unverzichtbar:

- Eine **Wegbeschreibung** hilft uns, einen bestimmten Ort oder eine Adresse zu finden.
- Ohne **Spielanleitung** würden wir ein neues Spiel nicht verstehen.
- Ohne **Bedienungsanleitung** könnten wir viele technische Geräte gar nicht benutzen.
- Ohne **Bastelanleitung** könnten Geschenke nicht selbstständig hergestellt werden.
- Ein **Steckbrief** macht auf ein entlaufenes Haustier aufmerksam.
- In einem **Brief** an eine Schulfreundin beschreiben wir z. B. den Ferienort, in dem wir die Sommerferien verbringen.

Wir beschreiben einer Person etwas, was diese nicht kennt. Deshalb müssen wir **genau** sein. Jemand, der das Beschriebene nicht kennt, muss es sich vorstellen oder erkennen können.
Die **Reihenfolge,** in der man die Hauptmerkmale und die Einzelheiten beschreibt, sollte immer durchdacht sein.
Für genaues und anschauliches Beschreiben braucht man

- passende, **treffende Adjektive** („eine *geschmeidige* Katze, ein *stechender* Geruch, ein *lahmendes* Pferd"),
- **Vergleiche** („Denn schon ein junger See-Elefant ist *so groß wie ein ausgewachsener Mann* … Andererseits *gleicht* er in seinem Verhalten oft *einem kleinen, tollpatschigen Kind* …"),
- häufig auch **zusammengesetzte Nomen** (*Bärenfell, Pferdekoppel, Sommerwiese*).

Bei der Wortwahl solltest du auch darauf achten, die ausdrucksschwachen Verben „haben" und „sein" nicht zu oft zu verwenden.

Tierbeschreibung

Beim Beschreiben eines **Tieres** solltest du die Art (*Haustier, Raubtier*), die Verwandschaften (*mit dem Schwein verwandt*), die Lebensweise (*lebt in der Wüste*), Ernährungsweise (*Insektenfresser*), besondere Fähigkeiten (*große Sprungkraft*) und natürlich das Aussehen und das Verhalten einbeziehen.

Achte besonders auf treffende Adjektive und Verben („Mein *schlauer* Hund *schnappt* sich immer die *schmackhaftesten* Bissen"), Vergleiche („Mein Bernhardiner wird *so groß wie ein Kalb*") und zusammengesetzte Nomen (*Hundenarr, Futternapf, Dosenfleisch*).

Personenbeschreibung

Zweck (z. B. Fahndung oder Porträt) und Adressat entscheiden, welche Angaben zu einer **Person** gemacht werden und welcher Schreibstil jeweils angemessen ist (z. B. nüchtern, sachlich, ausführlich, ausschmückend, gefühlvoll).
Einzelne Bereiche sollten zusammenhängend beschrieben werden (z. B. nicht zuerst über die Haarfarbe, dann über die Schuhgröße, dann wieder über die Haarlänge schreiben).
Treffende Adjektive zu den einzelnen Bereichen der Beschreibung sind z. B.:

- Gesichtsform: *länglich, rundlich, oval, kantig*
- Stirn: *flach, gewölbt, hoch, niedrig*
- Wangen: *eingefallen, pausbäckig, blass, gerötet*
- Kinn: *spitz, markant, rund, vorgeschoben, fliehend*
- Nase: *schmal, breit, kurz, lang, gerade, krumm, stupsig*
- Augen und Augenausdruck: *eng beieinander, blinzelnd, vorstehend, strahlend, streng, traurig, freundlich*
- Augenbrauen: *buschig, geschwungen, gezupft, zusammengezogen*
- Mund und Lippen: *breit, schmal, voll, wulstig, rot, blass, zusammengepresst, aufgeworfen*
- Mundwinkel und Ausdruck: *herabgezogen, verschmitzt, lächelnd, verkniffen*
- Haare: *schulterlang, kurz, stoppelig, drahtig, seidig, fein, gelockt, rötlich, dunkelblond, gescheitelt*
- Figur und Körperhaltung: *groß, klein, schlank, dünn, sportlich, untersetzt, korpulent, aufrecht, gekrümmt*
- Kleidung: *lässig, elegant, ordentlich, heruntergekommen, modern, altmodisch*

Gegenstandsbeschreibung

Bei **Gegenständen** sollte neben der äußeren Form und den Eigenschaften des Gegenstands oder Materials (z. B. ob etwas biegsam ist oder nicht, hart oder weich, bunt oder einfarbig …) noch erklärt werden, wozu sie dienen, aus welchen Teilen sie bestehen und wie sie funktionieren.

Bildbeschreibung

Wenn du **Bilder** beschreibst, solltest du zunächst den Gesamteindruck, das Hauptmotiv oder auch das so genannte Genre ansprechen: Porträt, Landschaft … Dann wird der „Bildbestand" beschrieben: Was genau ist im Einzelnen dargestellt? Danach stellst du dir die Frage: Wie ist es dargestellt (Farbe, Malstil, Lichtwirkung, Raumgestaltung, Komposition, Formen usw.)?
Wichtig ist dabei vor allem, dass deine Beschreibung einer Ordnung folgt. Diese kann z. B. vom Vordergrund zum Hintergrund führen oder auch von dem ausgehen, was im jeweiligen Bild das Auffällige, Interessante ist.

Vorgangsbeschreibung

Wenn wir **Vorgänge** beschreiben (z. B.: „Wie pflege ich meine Hauskatze?"), ist es wichtig, die einzelnen Schritte in der richtigen Reihenfolge, genau und vollständig, aber auch knapp und sachlich nicht nur zu beschreiben, sondern auch zu erklären. Die Verwendung von Fachbegriffen ist dabei meist sinnvoll, allerdings sollten sie nur dann ohne zusätzliche Erklärung verwendet werden, wenn die Zuhörer/innen oder Leser/innen sie auch verstehen.
Tempus ist das Präsens, weil es hier das Immer-Wieder oder das Zu-jeder-Zeit ausdrückt. Man muss sich den Vorgang vorstellen und ihn unter Umständen selbst wiederholen können (z. B. Bastelanleitung, Regeln im Sport, Rezepte).
Ein Beispiel für eine Vorgangsbeschreibung ist auch die folgende **Spielanleitung**:

Die

Siedlerinnen

von Catan

Vorbereitung

Der Spielplan wird entsprechend der Abbildung aufgebaut. Jede Spielerin wählt eine Farbe. Straßen und Siedlungen stehen bereits auf dem Spielplan. Die übrigen Siedlungen, Straßen und Städte legt jede vor sich ab. Beteiligen sich nur 3 Spielerinnen, werden die roten Steine wieder weggeräumt.

- Jede Spielerin erhält eine Karte *Baukosten*.
- Die Sonderkarten *Längste Handelsstraße* und *Größte Rittermacht* werden neben dem Spielplan bereitgelegt, ebenso die Würfel.
- Die *Rohstoffkarten* werden nach Sorten in 5 Stapel sortiert und offen neben dem Spielplan bereitgelegt.
- Die *Entwicklungskarten* werden gemischt und als verdeckter Stapel bereitgelegt.
- Zuletzt erhält jede Spielerin für die mit einem Stern markierte Siedlung die ersten Rohstofferträge: Für jedes Landfeld, das an diese Siedlung angrenzt, nimmt sie sich eine entsprechende *Rohstoffkarte* vom Stapel.
- *Rohstoffkarten* werden immer verdeckt in der Hand gehalten.

Der Spielablauf im Überblick

Es beginnt die älteste Spielerin. Wer an der Reihe ist, hat in der angegebenen Reihenfolge folgende Aktionsmöglichkeiten:

1. Sie *muss* die Rohstofferträge dieses Zuges auswürfeln (das Ergebnis gilt für alle Spielerinnen).
2. Sie *kann* handeln: Mit ihren Mitspielerinnen Rohstoffe tauschen.
3. Sie *kann* bauen: Straßen, Siedlungen oder Städte und/oder Entwicklungskarten kaufen.

(…)

2.5 Diskutieren – Argumentieren

Gesprächsregeln

Gespräche, in denen eine Entscheidung über verschiedene Meinungen herbeigeführt werden soll, sollten nach bestimmten Regeln ablaufen, damit die Verständigung erleichtert wird.
Die wichtigsten Regeln sind:

- Jede/r äußert sich nur zu dem Thema, um das es geht.
- Wir melden uns zu Wort und reden nicht einfach los.
- Wir hören den anderen Gesprächsteilnehmern aufmerksam zu.
- Wir fallen den anderen Gesprächsteilnehmern nicht ins Wort.
- Niemand wird wegen seiner Äußerungen beleidigt, verspottet oder ausgelacht.
- Wir befolgen die Hinweise des Gesprächsleiters oder der Gesprächsleiterin.

Für ein Klassengespräch braucht man einen **Gesprächsleiter** oder eine **Gesprächsleiterin.**
Er/Sie hat folgende Aufgaben:

- Die Diskussion eröffnen: „*Unser Thema ist … Ihr habt das Wort.*“
- Das Wort in der Reihenfolge der Meldungen erteilen: „*Erst Simone, dann Axel, danach Yildrim.*“
- Beiträge zusammenfassen: „*Als wichtigste Gründe habt ihr genannt …*“
- Eine Abstimmung einleiten und durchführen: „*Stimmen wir jetzt darüber ab.*“

Diskutieren

In Diskussionen geht es darum, andere zu bewegen, das zu tun, was man selbst für richtig hält, sie also zu beeinflussen. Am besten gelingt das, wenn der Gesprächspartner oder die Gesprächspartnerin durch gute Begründungen überzeugt wird. Allerdings kann man jemanden auch mit unsachlichen Mitteln beeinflussen. Ein Beispiel dafür sind so genannte Killerphrasen. Man gibt dann zwar nach, fühlt sich aber unter Druck gesetzt und ist nicht überzeugt.

Beispiele für Killerphrasen:

- *Das haben wir doch letztes Jahr schon mal probiert.*
- *Wir sollten erst mal sehen, was die anderen machen.*
- *Das dürfen wir doch gar nicht.*
- *Du immer mit deinem …*
- *Das ist doch viel zu viel Arbeit.*
- *Das geht nicht.*
- *Das geht uns nichts an.*
- *Die anderen sollen das machen.*
- *Ich hab keine Zeit.*

Schülerinnen und Schülern, die noch nicht so gut diskutieren können, fällt es schwer, einen gedanklichen Zusammenhang mit dem herzustellen, was die Vorredner/innen gesagt haben. Vielen gelingt es nicht, einen Aspekt erst auszudiskutieren, bevor sie mit etwas Neuem beginnen. Die Diskussion springt dann meist hin und her; dabei wird kaum etwas geklärt.
Geübte Diskussionsteilnehmer/innen können dagegen an etwas **anknüpfen,** was eine/r der Vorredner/innen gesagt hat, und dann einen eigenen Gedanken so daran anschließen, dass ein neuer Gesichtspunkt deutlich wird:
„*Also Yildrim hat gerade gesagt … Aber ich bin eher der Meinung, dass …*“

Argumentieren

Beim Argumentieren versucht man seine Meinung überzeugend zu begründen. Man stellt eine **These** auf, d. h. eine Aussage, die behauptenden, empfehlenden, bewertenden oder beurteilenden Charakter haben kann. Diese Thesen versucht man durch **Argumente** (Begründungen) zu stützen und durch **Beispiele**, Belege oder Zitate zu veranschaulichen. Argumente können sein: Fakten (Tatsachen), Grundsätze/Normen oder Expertenmeinungen:

Thesen:
- Behauptungen
- Empfehlungen
- Bewertungen
- Urteile

Argumente (Begründungen)

Fakten | Grundsätze/Normen | Expertenmeinungen

Beispiele | Belege | Zitate

	Behauptung	**Bewertung**	**Empfehlung**	**Urteil**
These	*Manche Deutschen sind arrogant.*	*Hakan ist der beste Sportler der Schule.*	*Achim ist der richtige Nachhilfelehrer für dich.*	*Es ist schlecht, einen Menschen auf Grund seiner Hautfarbe zu diskriminieren.*
Argument	*Einige halten sich für besser als die anderen. (Fakt)*	*Das sieht Herr Reuter, unser Sportlehrer, auch so. (Expertenmeinung)*	*Er kann gut erklären. (Fakt)*	*Alle Menschen haben die gleiche Würde. (Grundsatz)*
Beispiel/ Beleg/Zitat	*Gestern hat in unserer Bäckerei die Verkäuferin eine Afrikanerin von oben herab behandelt. (Beispiel)*	*Noch gestern sagte er: „Nimm dir ein Beispiel an Hakan, der ist der Beste.“ (Zitat)*	*Ina hat beim Üben mit Achim in 10 Minuten verstanden, was ihr in drei Mathematikstunden unklar geblieben ist. (Beispiel)*	*Das kann man auch in der Menschenrechtserklärung der UNO nachlesen. (Beleg)*

Die Qualität der Argumente entscheidet darüber, ob eine These überzeugend wirkt. Zum Beispiel muss man sich vor **falschen Verallgemeinerungen** von einem Einzelfall auf alle denkbaren Fälle hüten.

Ein Argument muss **adressatenbezogen** sein, d. h., du musst dir überlegen, wem gegenüber und mit welcher Absicht du deinen Standpunkt vertrittst. Die Eignung und die Überzeugungskraft eines Arguments kann man prüfen, wenn man sich direkt fragt: Was spricht dagegen? Dann kann man Gegenargumente gleich in die eigene Argumentation einbeziehen und entkräften. Argumente sind weniger wirksam, wenn sie unverbunden aufgeführt wenden. Man sollte sie deshalb in **eine sinnvolle Reihenfolge** bringen (von den schwächeren zu den stärksten) und außerdem einleuchtend verknüpfen.

Vorbereitung von Diskussionen

Zur Vorbereitung von Diskussionen sollte man die gesammelten Informationen aufbereiten. Dazu eignen sich:

- Info-Cluster
- Tabellen, geordnet nach den W-Fragen: Wer? Was? Wo? Wann? Wie? Warum? Welche Folgen?
- Zitatensammlungen auf Karteikarten
- Beispielsammlungen auf Karteikarten
- Schaubilder

Beispiel für einen Info-Cluster zur Vorbereitung auf eine Diskussion zum Thema „Gehört in jede Schultasche ein Laptop?“:

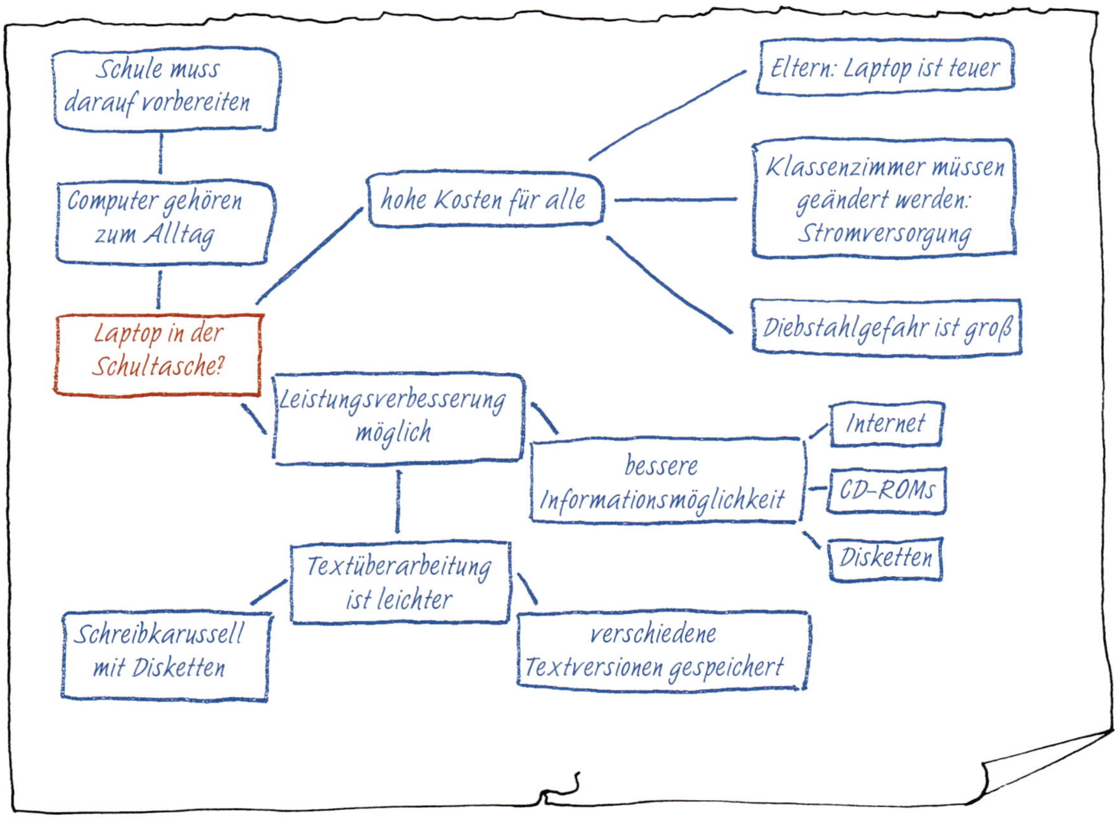

Eine gute Vorbereitung ist besonders bei Diskussionsformen nützlich, die nach bestimmten Regeln ablaufen, wie z. B. die Podiumsdiskussion oder die Debatte.

Diskussionsformen

Der Austausch von Meinungen kann in verschiedener Weise organisiert werden. **Diskussionen** lassen es normalerweise zu, dass sich Teilnehmer/Teilnehmerinnen in einer nicht geplanten, spontan sich ergebenden Reihenfolge melden.

Es gibt aber auch **Debatten**, die nach strengeren Regeln ablaufen. Hier ist der Ablauf des Gesprächs genau festgelegt.

Außerdem gibt es z. B. **Talkshows,** in denen die Gesprächsteilnehmer/innen wissen, dass ein Publikum sich durch ihren Meinungsaustausch unterhalten lassen will.

Bei **Podiumsdiskussionen (Expertenpodien)** haben die Gesprächsteilnehmer/innen ein besonderes Wissen anzubieten.

2.6 Erörtern

Die schriftliche Form einer Argumentation, in der du die Gründe für eine These sowie deren Gegengründe abwägst und dir so eine eigene Meinung zu bestimmten Problemen bildest, nennt man Erörterung.
Außer in der linearen Erörterung (s. u.) werden beim Erörtern gegensätzliche Standpunkte berücksichtigt und argumentativ gegeneinander abgegrenzt. Ziel des Erörterns ist das begründete persönliche Urteil.
Bei der Erörterung lassen sich grundsätzlich zwei Arten unterscheiden: Die ▶**textgebundene Erörterung** setzt sich argumentativ mit den Inhalten eines Textes oder mehrerer Texte auseinander, die **freie Erörterung** (s. u.) behandelt ein Thema unabhängig von einer Textvorlage.

▶ S. 45

Lineare Erörterung

Die lineare Erörterung ist eine Form der freien Erörterung, bei der es nicht um die Gegenüberstellung von Pro- und Kontra-Argumenten geht, sondern um die Begründung des eigenen Standpunktes. Hierzu reiht man die Argumente nach ihrer Wichtigkeit aneinander, wobei das stärkste Argument am Schluss der Argumentationskette steht. Durch die Steigerung in der Gewichtung der Argumente hält man das Interesse des Lesers wach und verleiht der eigenen Position Nachdruck. Gegenargumente werden nur am Rande eingebracht, um mögliche Bedenken gleich auszuräumen. Die Form der linearen Erörterung bietet sich besonders dann an, wenn ein Thema als Sach- oder Ergänzungsfrage (W-Frage) formuliert ist, z. B.:

- „Warum sollte man Computerkenntnisse erwerben?"
- „Wie kann man Gewalt in der Schule am besten vorbeugen?"
- „Zu welchen Zwecken sollten Computer im Schulunterricht eingesetzt werden?"

Aufbau einer linearen Erörterung

1. Einleitung:
   - Aktualität/Bedeutsamkeit der Problematik
   - Klärung der Fragestellung
2. Hauptteil:
   - Formulierung der eigenen These zur Fragestellung
   - Argumentation für die These:

   Argument 1
   Argument 2 } zunehmende Wichtigkeit, Stützung durch Beispiele, Belege, Zitate
   Argument 3
3. Schluss:
   - Zusammenfassende, abschließende Stellungnahme
   - Ausblick

Pro-und-Kontra-Erörterung

Bei der häufigsten Form der freien Erörterung, der Pro-und-Kontra-Erörterung, geht es darum, Argumente und Gegenargumente zu einer These abzuwägen.
Die Themen sind bei der Pro-und-Kontra-Erörterung meist formuliert als:

- Behauptung: „Schuluniformen lassen soziale Unterschiede in den Hintergrund treten."
- Forderung: „Schuluniformen für unsere Schulen!"
- Entscheidungsfrage: „Sollten an deutschen Schulen Schuluniformen eingeführt werden?"

1. Schritt: Stoffsammlung für den Hauptteil einer Pro-und-Kontra-Erörterung
Im Hauptteil einer Pro-und-Kontra-Erörterung werden These und Gegenthese durch Argumente (Begründungen) gestützt. Als Vorarbeit für das Verfassen des Hauptteils sollte man zunächst, nach Pro und Kontra geordnet, Argumente notieren (möglichst auf einer Doppelseite im Heft) und diese durch Beispiele, Belege oder Zitate stützen.

Beispiel:

Thema (Forderung): In jede Schultasche gehört ein Laptop!

These
Ein eigener Computer verbessert die Lernchancen erheblich.

Argument 1
Der Zugriff auf Informationen ist vielfältiger als mit einem Buch und sehr schnell möglich.

Stützen
Beispiel: In einer mit einem Funknetz ausgestatteten Klasse können sich die Schülerinnen und Schüler jederzeit ins Internet einklinken oder über CD-ROMs gezielt Informationen einholen.

Beleg: Ein Modellversuch an sechs Hamburger Schulen hat gezeigt, dass Schülerinnen und Schüler diesen Unterricht gut annehmen.

Argument 2
...

Gegenthese
Ein eigener Computer verhilft nicht zu besseren Leistungen, sondern lenkt die Schülerinnen und Schüler ab.

Argument 1
Schülerinnen und Schüler finden fertig aufbereitete Informationen vor und müssen nicht mehr selbst Mühe aufwenden, um ihre Ergebnisse zusammenzustellen.

Stütze
Zitat eines Schülers aus einer 8. Klasse: „Diese Informationen zum Quastenflosser habe ich unverändert aus dem Internet übernommen."

Argument 2
...

Eine andere Möglichkeit der Ideensammlung bietet das **Brainstorming:** Man schreibt in die Mitte eines großen Blattes das Thema und kreist es ein, auf dem Blatt verstreut und ungeordnet schreibt man dann alles auf, was einem dazu in den Sinn kommt (Stichworte!).
Man kann auch einen ▶**Cluster** anlegen. Dabei nimmt man schon eine vorläufige Ordnung vor: Man schreibt zu einem Stichwort weitere, die zu ihm passen, und verbindet diese Wörter zur Verdeutlichung des Zusammenhangs durch Linien miteinander. ▶ S. 17
Die ▶**Mind-Map** geht noch einen Schritt weiter: Sie „hierarchisiert" die Stichworte, d.h., die Stichworte werden von innen (Thema) nach außen immer konkreter (Beispiel: Thema „Rauchen" ▶ S. 18

– gesundheitliche Gefahren – Lungenerkrankungen). Mit der Mind-Map hat man schon wesentlich für die Gliederung der Erörterung vorgearbeitet.

Aufbau einer Pro-und-Kontra-Erörterung im Block

1. Einleitung:
Aktualität/Bedeutsamkeit der Problematik, Verdeutlichung von These und Gegenthese

2. Hauptteil:

Gegenthese { Argument 1, Argument 2, Argument 3 — abnehmende Wichtigkeit

Überleitung

These { Argument 1, Argument 2, Argument 3 — zunehmende Wichtigkeit

3. Schluss:
Abwägung und eigene Entscheidung, Ausblick

Aufbau einer Pro-und-Kontra-Erörterung im Wechsel

Hauptteil:

Argument 1 (Stützung der These)
↓
Gegenargument 1 (Stützung der Gegenthese)
↓
Argument 2 (Stützung der These, z. B. durch Entkräften des Gegenarguments)
↓
Gegenargument 2
↓
…

Einleitung und Schluss gestaltet man bei dieser Variante genauso wie beim Aufbau in Blöcken.

2. Schritt: Den Aufbau planen
Beim Aufbau eines Erörterungsaufsatzes orientiert man sich grundsätzlich ebenso wie bei anderen Aufsatzarten an der Dreiteilung **Einleitung – Hauptteil – Schluss.**
In der Regel gliedert sich die Darlegung der Argumente im Hauptteil in zwei Blöcke: einen Pro- und einen Kontra-Teil. Bevor du den Hauptteil ausformulierst, musst du dich für Pro oder Kontra entscheiden, denn die Argumente für die eigene Position stellst du ans Ende des Hauptteils, weil die zuletzt genannten Begründungen dem Leser besser im Gedächtnis bleiben.
Innerhalb des Pro- bzw. Kontra-Blocks geht man in der Regel folgendermaßen vor: Bei der Darstellung der Gegenposition beginnt man mit dem stärksten Argument und geht Schritt für Schritt zu schwächeren Argumenten über. Bei der Darlegung der eigenen Position fängt man mit dem schwächsten Argument an und lässt dann immer gewichtigere folgen.
Als Alternative gibt es noch eine etwas schwierigere, aber wirkungsvolle Möglichkeit der Gliederung:
Man kann jeweils einem Argument direkt ein Gegenargument gegenüberstellen.
Auch hier empfiehlt es sich, die Argumente in der Reihenfolge ihrer Wirksamkeit anzuordnen und mit dem Argument zu enden, das man selbst für das wichtigste hält.

3. Schritt: Einleitung und Schluss konzipieren
Schwierigkeiten beim freien Erörtern bereitet vielen der Einstieg in das Thema. Grundsätzlich wird in der **Einleitung** zu einem Erörterungsaufsatz das Thema erläutert und auf die Aktualität bzw. Bedeutsamkeit der Problematik aufmerksam gemacht. Oft muss man in der Einleitung Schlüsselbegriffe der Themenstellung genauer klären:

Thema: In jede Schultasche gehört ein Laptop!

Will man in der Schule Computerkenntnisse erwerben, hat man mit etlichen Schwierigkeiten zu kämpfen: Es gibt nur wenige Computerräume, die man Wochen im Voraus reservieren muss. Nur ein Teil der Schülerinnen und Schüler hat einen eigenen Rechner zu Hause, diese sind oft von ganz unterschiedlicher Qualität.
Die Vorkenntnisse sind entsprechend gering.
Die Fähigkeit, mit Computerprogrammen wie selbstverständlich umzugehen, wird allerdings von der Gesellschaft gefordert, vor allem von der Wirtschaft, in der die Schulabgänger/innen ja einmal eine Anstellung finden sollen. Und „Computerkenntnisse" heißt auch, die Fähigkeit zu haben, schnell auf Weiterentwicklungen im Softwarebereich zu reagieren.
Die Empfehlung „In jede Schultasche gehört ein Laptop!" liegt daher nahe. „Laptops" oder „Notebooks" sind transportable, aber recht leistungsfähige PCs.
Allerdings gibt es etliche, die dieser Empfehlung nur kopfschüttelnd gegenüberstehen und sie für eine schlechte Lösung halten ...

In der Einleitung zu einer Pro-und-Kontra-Erörterung werden die konkurrierenden gegensätzlichen Positionen zur behandelten Frage aufgezeigt. In der Regel geschieht dies, indem man am Ende der Einleitung These und Gegenthese verdeutlicht.
Auch zu Themen, die nicht von vornherein als Behauptung formuliert sind, kann man These und Gegenthese bilden, z. B.:

- Forderung: „Pkw-Führerschein schon ab 16!"
- These: „Jugendliche sollten schon ab 16 den Pkw-Führerschein machen können."
- Gegenthese: „Jugendliche sollten noch nicht mit 16 den Pkw-Führerschein machen können."

Im **Schlussteil** der Erörterung wägt man die im Hauptteil vorgebrachten Argumente kurz gegeneinander ab und trifft die Entscheidung (eventuell mit Einschränkung) für die Pro- oder Kontra-Position. Die Abwägung sollte knapp gehalten werden und nicht die Argumente des Hauptteils wiederholen oder ergänzen. Abschließend kann man die im Hauptteil ausgeführten Gedanken in einen größeren zeitlichen oder thematischen Zusammenhang stellen (Prognose, Ausblick, Hoffnung usw.).

Wenn ich die Argumente für und gegen die Empfehlung des eigenen transportablen Computers überblicke, scheint es mir klar, dass die Entwicklung dorthin nicht mehr aufzuhalten ist. Die Möglichkeiten des Computers sind so umfassend, dass eine moderne Schule darauf nicht verzichten kann. Allerdings sind einige Gegenargumente nicht völlig von der Hand zu weisen: Vor allem das Kostenargument ist meines Erachtens sehr gewichtig. Nicht zu unterschätzen bleibt auch die kritische Frage, ob Schülerinnen und Schüler überhaupt noch Bücher „am Stück" lesen können oder wollen, wenn sie alles in „Häppchen" auf ihrem Rechner serviert bekommen. Diese Fähigkeit sollte auf keinen Fall verloren gehen.
Der Laptop im Ranzen als Erweiterung der schulischen Möglichkeiten, nicht als Ersatz der bisherigen – dieser Empfehlung schließe ich mich an.

Einleitung und Schluss sollten jeweils nicht mehr als ein Fünftel der gesamten Erörterung ausmachen.

4. Schritt: Die Erörterung verfassen

Bei der schriftlichen Ausarbeitung einer Erörterung kommt es besonders auf die genaue Formulierung der These, die Wahl überzeugender Argumente und die Stützung der Argumente durch anschauliche Beispiele, Belege usw. an.
Man kann einen Gedankengang deduktiv oder induktiv aufbauen:

- Bei einer **deduktiven Gedankenführung** steht die Kernaussage am Anfang, die stützenden Argumente folgen. Sprachlich werden diese meist mit **kausalen Konjunktionen** (z. B. *weil, denn*) angefügt:

These (Behauptung)	Ein eigener Computer verbessert die Lernchancen erheblich,
kausale Verknüpfung	weil
Argumente	der Zugriff auf Informationen vielfältiger und schneller möglich ist als mit einem Buch.

- Die **induktive Gedankenführung** ist schlussfolgernd. Die Kernaussage steht am Ende, die stützenden Argumente führen zu ihr hin. Die sprachliche Verknüpfung geschieht in diesem Fall in der Regel mit **konsekutiven Adverbien** (Adverbien, die die Folge anzeigen, wie *deshalb, daher* usw.):

Argumente	Der Zugriff auf Informationen ist mit einem eigenen Computer vielfältiger und schneller möglich als mit einem Buch,
konsekutive Verknüpfung	deshalb
These (Schlussfolgerung)	verbessert der eigene Laptop die Lernchancen erheblich.

Konjunktionen und Adverbien, aber auch Wendungen wie „ein weiterer Gesichtspunkt“, „auf der anderen Seite“, „daraus folgt“ u. Ä. machen die **Kohärenz** eines Textes, d. h. den logischen Zusammenhang zwischen den einzelnen Sinnabschnitten sprachlich deutlich (▶S. 45).
Manchmal fehlt die sprachliche Verknüpfung, sie kann dann aber in Gedanken hinzugefügt werden. Eine fehlende sprachliche Verknüpfung zu ergänzen kann sehr hilfreich sein, um den logischen Zusammenhang zwischen zwei Sätzen zu erkennen.
Ferner ist es im Hinblick auf die Sprache und die Wahl der Argumente wichtig, sich die eigene **Absicht** und den **Adressaten** bewusst zu machen.

nebenordnende Konjunktionen	unterordnende Konjunktionen	Adverbien mit satzverknüpfender Funktion
anreihend: *und/oder/ sowohl – als auch*	temporal: *während/als/ nachdem/bevor/wenn/ bis/ehe …* → Temporalsatz	temporal: *anfangs/inzwischen/ vorher/endlich …*
ausschließend: *oder*	modal: *indem/ohne dass/wie/ als ob/insofern/insoweit …* → Modalsatz	modal: *dadurch …*
einschränkend: *aber/allein/ sondern/(je)doch*	kausal: *weil/da* → Kausalsatz	kausal: *darum/deswegen*
kausal: *denn*	konditional: *wenn/falls/sofern …* → Konditionalsatz	konditional: *sonst/andernfalls*
	konzessiv: *obwohl/obgleich …* → Konzessivsatz	konzessiv: *trotzdem/dennoch …*
	final: *damit* → Finalsatz	final: *dazu/darum …*
	konsekutiv: *sodass* → Konsekutivsatz	konsekutiv: *so/also/folglich*

Textgebundene Erörterung

Eine textgebundene Erörterung entsteht ausgehend von einer Textvorlage, z. B. von einem Zeitungstext, der eine strittige Frage behandelt oder ein Problem diskutiert. Im Unterschied zur freien Erörterung musst du bei der textgebundenen Erörterung zunächst die Textvorlage erschließen und den Gedankengang des Textes zusammenfassend wiedergeben: Du benennst das behandelte Problem, referierst die zentralen Thesen und gibst erläuternd die Argumentation des Verfassers wieder. Anschließend setzt du dich mit dem Gedankengang des Textes auseinander, zum Beispiel, indem du die referierte Stellungnahme durch weitere Argumente stützt oder die vorgebrachten Behauptungen argumentativ entkräftest bzw. weiter differenzierst. Die kritische Auseinandersetzung mit dem Text kann dabei dem Prinzip der Pro-und-Kontra-Erörterung oder dem der linearen Erörterung entsprechen.

Aufbau einer textgebundenen Erörterung

1. Einleitung:
   - Hinweis auf die Textvorlage: Nennung von Titel, Verfasser, Quelle (Zeitung, Werk …)
   - Benennung des im Text behandelten Problems
   - Knappe Darlegung der vorgebrachten Hauptthesen/Forderungen
2. Hauptteil:
   - Wiedergabe und Erläuterung der Argumentation des Verfassers
   - Kritische Auseinandersetzung mit dieser Argumentation
3. Schluss: Abwägung und eigene Stellungnahme

Für das Referieren von Gedanken aus der Textvorlage verwendet man in der Regel die ▸**indirekte Rede** oder die Paraphrase. Zur Wiedergabe einzelner wichtiger Formulierungen nutzt man das ▸**Zitat.**

▸ S. 90–92
▸ S. 74

2.7 Kreatives Schreiben

Schreibverfahren

Automatisches Schreiben ist ein Verfahren, fließend Assoziationen aufzuschreiben. Ohne den Stift abzusetzen und über das Geschriebene nachzudenken, wird ca. zehn Minuten durchgeschrieben. So kann man an Unbewusstes, Rätselhaftes, Zufälliges in der eigenen Gedankenwelt gelangen. Wenn die Gedanken nicht mehr fließen, wird die Schreibbewegung durch Kringel auf dem Papier fortgesetzt, bis aus den Kringeln wieder Wörter werden. Satzbau, Zeichensetzung und Rechtschreibung sind beim Schreibprozess zunächst nebensächlich; der Text kann später überarbeitet werden.

Erzählstrukturen verändern: Mit den vorgegebenen Elementen eines Textes kann man experimentieren, indem man
- die Reihenfolge der Handlungsschritte ändert,
- eine Handlung vom Ende her erzählt oder
- eines der Grundelemente Personen, Ort, Zeit, Handlung unerwartet durch ein fantastisches Element ersetzt:

Letzten Montag, als ich zur Schule fuhr, öffnete der Bus an der vorletzten Haltestelle wie üblich seine Tür und Massen von Schülern strömten in sein Inneres. Wie jeden Montag stoppte der Bus auch an der nächsten Straßenkreuzung und die Fahrgäste öffneten ihre Münder. In die aufgesperrten Mäuler strömten die Busse, um dort hin und her zu fahren …

Den Stil eines Textes/die Textart verändern: Durch Variation des Stils kann man ein und dasselbe Erlebnis in unterschiedlicher Form darstellen. Je nach beabsichtigter Wirkung verändert man z. B. Erzählperspektive, Wortwahl, Satzbau oder Tempusgebrauch. Dabei kann man
- einzelne Episoden aus einer veränderten Sicht erzählen oder
- den Text in eine andere Textsorte umwandeln (Bericht, Krimi, Dialog, Gedicht …).

Das sind grünschwarze Tümpel, von Weiden überhangen, von Wasserjungfern übersurrt, das heißt: wie Tümpel und kleine Weiher, und auch große Weiher ist es anzusehen, und es ist doch nur Donauwasser, durch Steindämme abgesondert vom großen, grünen Strom. Altwasser, wie man es nennt.

(Georg Britting: Brudermord im Altwasser)

„Wie, sagst du, sind diese Tümpel?“ – „Grünschwarz und ganz von Weiden überhangen.“ – „Gibt es dort Tiere?“ – „Ja, Wasserjungfern, große Libellen.“ – „Wieso eigentlich Tümpel, ist es denn nicht der Fluss?“ – „Natürlich, es ist Donauwasser, abgetrennt vom großen, grünen Strom.“ – „Also ein Altwasser?“ – „Ja, Altwasser, durch Dämme abgesondert und wie große Weiher anzusehen.“

Zeilen umbrechen: Zunächst werden in einem Text (A), zum Beispiel in einem, der eure eigenen Assoziationen zu einem Bild wiedergibt, alle entbehrlichen Füllwörter gestrichen. Von dem ursprünglichen Text soll nur wenig Wortmaterial übrig bleiben (B). Mit dem neuen Wortmaterial wird nun ein neuer Text (C) verfasst. Dazu wird zunächst eine Zeile auf ein neues Blatt geschrieben. Sie sollte nur aus einigen Wörtern bestehen und ein Schlüsselwort enthalten. Nun folgt darunter die nächste Zeile ... Schließlich kann man mit weiteren sprachlichen Umstellungen experimentieren: Weglassen, Umstellen, Ergänzen von Wörtern.

René Magritte: Der Gesang des Veilchens (1951)

(A) Zwei Männer gehen stehend
voneinander abgewandt.
Sie tragen traditionelle Kleidung:
Mantel, Anzug und Hut, der rechte
eine Melone. Der linke Mann wendet
mir den Rücken zu, den rechten
sehe ich im Profil.
Da sie von derselben Farbe wie die
Umgebung – eine Art Steinbruch –
sind, wirken sie auf mich wie
versteinert, wie in der Bewegung
angehalten, eingefroren. Der
rechte Mann trägt unter seinem
rechten Arm einen Stein, der mit
Kordel verschnürt ist und wie ein
Paket wirkt. Der linke hat seine
Hände lässig in den Manteltaschen
...

(B) Männer gehen
stehend abgewandt
traditionell Hut
Rücken Profil
Steinbruch versteinert
eingefroren Stein
Paket lässig

(C)
Männer gehen stehend
abgewandt
traditionell: Hut
Rücken
Profil Steinbruch
versteinert eingefroren
SteinPaket
lässig?

Satirisches Schreiben

Sprachmusterverschiebung: Ein Vorgang oder ein Sachverhalt wird sprachlich in einen ungewohnten Rahmen gerückt, z. B. wird der Besuch einer Disko mit Wörtern wiedergegeben, die aus dem Bereich der Zierfischzucht stammen. Indem in einem Text durchgängig immer wieder Wortmaterial aus einem sachfremden Bereich verwendet wird, ergibt sich eine satirische Wirkung.

Rollenwechsel: Bei einem Handlungs- oder Gesprächsablauf werden die gesellschaftlichen Rollen (z. B. Vater und Sohn) vertauscht. Gezielt verwechselt werden sowohl Mentalität (Denkweise), Normen (Wertmaßstäbe) und Verhaltensweisen als auch Sprachgewohnheiten. Dadurch wird der Leser auf Distanz zu den vertauschten Rollen gebracht und gewinnt einen Reflexionsspielraum. Auch der Rollenwechsel hat oft einen satirischen Effekt.

Reduktionstext/Der fremde Blick: Beim Schreiben eines Textes stellt man sich vor, dass einem nur ein kleiner Teil des Lexikons (Vokabulars) der eigenen Sprache zur Verfügung steht. Die Einschränkung kann sich daraus ergeben, dass man eine Erzählerfigur mit reduziertem Wortschatz einführt (z. B. ein Kind), die für viele Dinge keine Bezeichnungen kennt, sodass diese Dinge mit einfachen Worten umschrieben werden müssen. Der reduzierte Wortschatz ergibt dann einen „fremden Blick" auf die Dinge.

Schreiben zu Bildern

Gedankenprotokoll: Man vertieft sich in eine Bildsituation und achtet dabei genau auf die Blicke und Gesten der Figuren. In der Vorstellung, im Bildraum anwesend zu sein, beobachtet man die übrigen Bildfiguren aus nächster Nähe und notiert Vermutungen darüber, weshalb sie sich in dieser Bildsituation befinden.

Prosaskizzen: Jede/r schreibt zu je einer ausgewählten Bildfigur einen inneren Monolog, in dem die Figur ihre Wünsche, Erwartungen, Ängste ausdrückt. Passagen aus den verschiedenen Texten werden dann abwechselnd so kombiniert, dass ein neuer Text entsteht, in dem die Gedanken spannungsvoll nebeneinanderstehen.
Variante: Als Beobachter/in einer Bildsituation schreibt man aus der Ich-Perspektive, wie die Bildfiguren Kontakt miteinander aufnehmen. Auch der Einfluss der Körpersprache auf die Kommunikation wird beachtet. Der Ich-Erzähler lässt auch Erinnerungen einfließen, die durch das Beobachtete in ihm ausgelöst werden.

Vorgeschichten und Dialoge zu Bildsituationen entwickeln: Eine im Bild dargestellte Situation könnte eine Vorgeschichte haben, aus der sich eine Erzählung entwickeln lässt. Man gibt jeder Bildfigur einen Namen und notiert, was sie denken könnte. Schließlich lässt man die Figuren miteinander in ein Gespräch über ihre Situation treten.
Um ein besonders lebendiges sprachliches Bild mit eindringlicher Atmosphäre entstehen zu lassen, sollten Gedanken und Gefühle (aus der Ich-Perspektive) genau geschildert werden. Dabei sind besonders die Sinneswahrnehmungen wichtig: Sehen, Hören, Spüren, Riechen und Schmecken.

Eine Bildsituation in einen Handlungsablauf wandeln: Für jeden Gegenstand oder jede Figur eines Bildes kann man sich mögliche zurückliegende oder noch bevorstehende Ereignisse ausdenken und diese schließlich in Verbindung miteinander bringen. Dazu kann man zunächst einen Bogen Transparentpapier über ein Bild legen und darauf alle Elemente des Bildes an der Stelle, an der sie durchscheinen, mit einem kurzen Kommentar bezeichnen. Aus dem Wortmaterial werden dann Sätze entwickelt und schließlich verknüpft man die Ereignisbereiche zu einer Handlung.

Pablo Picasso: Das kärgliche Mahl (1904)

Filmdialog: Das Bild wird wie ein Standfoto aus einem Film wahrgenommen: Zunächst wird ein Exposé (eine Handlungsskizze) zu diesem Film verfasst. Dann wird zu der Filmszene, der das Standfoto entnommen ist, ein dramatischer Dialog mit Regieanweisungen geschrieben.

Kurzgeschichte: Das Bild wird als Illustration des Wendepunkts einer Kurzgeschichte wahrgenommen: Zunächst werden in einem Brainstorming Eindrücke zum Bild gesammelt. Das kann in Form eines ▶**Clusters** geschehen. Dann werden Ideen zu schicksalhaften Ereignissen entwickelt, die der dargestellten Situation vorausgegangen sein könnten. Zu diesem Zweck kann der Cluster zu einer ▶**Mind-Map** ausgearbeitet werden. Auf der Grundlage der Mind-Map wird daraufhin eine Kurzgeschichte aus der Perspektive eines allwissenden Erzählers geschrieben. Die ▶**Merkmale** dieser Textsorte müssen beachtet werden. Abschließend wird die Kurzgeschichte ▶**überarbeitet.**

▶ S. 17
▶ S. 18
▶ S. 109
▶ S. 50–52

Gleichzeitiges Malen und Schreiben: Das Malen kann zu Ideen für das Schreiben führen und umgekehrt kann der Text wieder Einfälle für das Bild anregen: Das Bild wird als Ausschnitt einer umfassenderen Situation wahrgenommen und malerisch ergänzt, wobei man z. B. die Fotokopie eines Bildes auf ein Blatt Zeichenpapier klebt und es in die eigene Bildgestaltung integriert. Gleichzeitig mit dem Malprozess wird eine Geschichte zum Bild entwickelt. Dabei malt und schreibt man immer abwechselnd.

Produktionsorientiertes Schreiben zu Texten ▶S. 133

2.8 Texte überarbeiten

Leitfragen zur Textüberarbeitung

Die folgende Übersicht gibt Anregungen zur Überarbeitung von Texten und hebt die wichtigsten Gesichtspunkte hervor.

Inhalt

- Ist dem Leser/der Leserin ohne besondere Mühe verständlich, worum es in dem Text geht?
- Werden Personen, Schauplätze und Vorgänge anschaulich, präzise usw. beschrieben?
- Fühlt der Leser/die Leserin sich vom Thema angesprochen?
- Sind klare Schwerpunkte gesetzt oder gerät das Thema häufiger aus dem Blick?

Aufbau/Gliederung

- Ist der Text übersichtlich gegliedert, z. B. nach Einleitung, Hauptteil und Schluss?
- Ist die Reihenfolge der Gliederungsschritte stimmig?
- Sind die einzelnen Schritte wirkungsvoll auf den Leser/die Leserin bezogen? Regt beispielsweise die Einleitung zum weiteren Lesen an?
- Orientiert sich der Text an einem Thema?
- Enthält der Text Widersprüche und Ungereimtheiten?
- Werden unbekannte Begriffe erklärt?

Sprachlicher Ausdruck (Stil)

- Ist die Wortwahl abwechslungsreich, genau, anschaulich, angemessen usw.?
- Entsprechen die gewählten Bilder, Vergleiche und Metaphern der gewählten Textart?
- Ist der Satzbau klar und abwechslungsreich?
- Lässt sich der sprachliche Ausdruck durch Ersatz-, Umstell-, Weglass- oder Erweiterungsprobe verbessern?
- Werden unnötige Wiederholungen und Füllwörter vermieden?

Rechtschreibung/Zeichensetzung/Grammatik

▶ S. 81–82, S. 89–92
- Ist der Text grammatisch einwandfrei im Hinblick auf ▶Tempus, Modus (Indikativ und Konjunktiv), grammatische Beziehungen, Wortstellung, Satzbau usw.?

▶ S. 53–75
- Sind ▶Rechtschreibung und Zeichensetzung fehlerfrei?
- Ist ein Rechtschreib- und Fremdwörterbuch verfügbar, aber auch ein Wörterbuch, das über Wortbedeutungen, sinnverwandte Begriffe und Wortfamilien informiert?
- Sind persönliche Lernkarteien oder Merkhefte hinzugezogen worden?

Reinschrift

- Ist die äußere Form ansprechend gestaltet (Rand, Kopf des Textes usw.)?
- Ist die Schrift gut lesbar? Sind nachträgliche Korrekturen vermieden?
- Ist die Abschnittsgliederung klar markiert?
- Entspricht das Lay-out dem Verwendungszweck des Textes (Klassenzeitung, Wandzeitung usw.)?

Bei einem Text, der Schwächen im Aufbau und in der Genauigkeit der gedanklichen Verknüpfung aufweist, ist ein Vorgehen, bei dem die Fehler Zeile für Zeile bearbeitet werden, nicht sinnvoll. Denn oft muss man ganze Abschnitte umstellen, Passagen weglassen, Sätze neu formulieren, andere Begriffe wählen usw., sodass manche Einzelfehler aus der ursprünglichen Fassung „von selbst“ wegfallen. Darum sollte man zunächst den Text ganz lesen und dann die Textüberarbeitung planen.

Textüberarbeitung in der Kleingruppe

Man verbessert seine Schreibfähigkeit nur, wenn man seine Texte regelmäßig selbst überarbeitet oder von anderen verbessern lässt. Besonders gewinnbringend ist die Überarbeitung von Texten in Zusammenarbeit mit Mitschülerinnen und Mitschülern. Dabei bieten sich unterschiedliche Methoden an, z. B. das Vorlesen und Besprechen der Textentwürfe in Kleingruppen, die schriftliche Verbesserung durch eine Mitschülerin/einen Mitschüler mit anschließendem Auswertungsgespräch. Besonders bewährt hat sich das Verfahren, den Entwurf durch 3–5 Mitschülerinnen/Mitschüler kommentieren zu lassen. Für die Kommentierung gibt es verschiedene Möglichkeiten.

Verfahren 1:
Die Texte werden ausgetauscht. Jeder Text wird nach dem folgenden Schema („Textlupe") kommentiert:

Petra	Vorzüge	Probleme	Korrekturvorschläge
1. Schüler/in	anschaulich	teilweise zu langatmig, Gefahr der Langeweile	Spannungsmomente einbauen, kürzen
2. Schüler/in	...	...	...
...	...	...	...

Verfahren 2:
Jede/r markiert durch Kreise und Ziffern im fremden Text, wozu sie/er etwas bemerken möchte. Am Rand oder auf einem anderen Blatt werden nun zur entsprechenden Stelle unter den Ziffern Fragen, Ergänzungen, Kommentare geschrieben.
Anschließend erhält jede/r die Notizen der anderen zum eigenen Text und kann auswählen, welche Vorschläge sie/er bei der Überarbeitung berücksichtigt.

Verfahren 3:
Mit dem Computer lassen sich die Texte leichter überarbeiten. Die einzelnen Leser/innen tragen in den PC ihre Veränderungsvorschläge mit einer anderen Textfarbe oder Schrift ein. So könnt ihr verschiedene Überarbeitungsvorschläge aus der Gruppe nebeneinanderlegen und diskutieren, bevor ihr euch für eine Version entscheidet.
Die einzelnen Schritte zur Textveränderung könnt ihr am PC ebenfalls gut nachvollziehen, wenn ihr die verschiedenen Fassungen zum Vergleich ausdruckt und Verbesserungen im Dokument deutlich macht.

Fehlerzeichen

Mit Hilfe der folgenden Fehlerzeichen könnt ihr eure Textkommentierung vereinfachen:

Fehler	Fehlerzeichen
Sachliche Fehler, z. B. falsche oder nicht belegbare Aussagen	**sa**chlich falsch **(sa)**
Logische Fehler, z. B. Widersprüche in der Gedankenführung, Ungenauigkeiten bei der Verknüpfung von Gedanken (falsch gewählte Pronomina oder Konjunktionen) oder	**D**enkfehler **(D)**
Fehler im **Textaufbau** (z. B. Wiederholungen von Gedanken, Gedankensprünge; zu ausführliche Einleitung, ein wichtiger Gedanke wird zu knapp oder ein unwichtiger zu ausführlich dargestellt)	**Aufbau f**alsch **(Aufbau f)**
Zitate, die ihre Funktion nicht erfüllen, z. B. zu häufiges, zu knappes oder zu ausführliches Zitieren von Textstellen; Aussage und Zitat passen nicht zusammen.	**Zit**at **o**hne **Funkt**ion **(Zit o Funkt)**
Formfehler beim Zitieren, z. B. fehlende Markierung von Auslassungen oder Veränderungen in den Wortendungen	**Zit**attechnik falsch **(Zit)**
Mängel in der **begrifflichen Präzision** oder Schwächen im **stilistischen Bereich**	**W**ort falsch gebraucht **(W)** **A**usdrucksfehler **(A)** **W**ortwie**d**er**h**olung **(Wdh)**
Fehler im **Satzbau**	**S**atz**b**aufehler **(Sb)**
Fehler im **Modusgebrauch,** Unklarheiten bei der **Redewiedergabe** (kann zu sachlichen Fehlern führen)	**M**odus falsch **(M)**
Verstöße gegen die **Sprachrichtigkeit**	**R**echtschreibfehler **(R)** **Z**eichensetzungsfehler **(Z)** **Gr**ammatikfehler **(Gr)** **T**empusfehler **(T)** **Bez**iehungsfehler **(Bez)**

3 Rechtschreibung

Wenn man schreibt, möchte man verstanden werden. Wenn man mit seinem Text etwas bewirken will, muss der Text von fremden Lesern ernst genommen werden. Grundlegende Voraussetzung dafür ist – neben der Verständlichkeit – die formale Sprachrichtigkeit.
Die hier zusammengefassten Regelungen helfen bei der Orientierung in vielen häufigen Fragen der Rechtschreibung und Zeichensetzung. Manchmal ist die korrekte Schreibung allerdings auch davon abhängig, wie ein Wort im Satzzusammenhang verwendet wird. Dann sind neben den Rechtschreibregelungen auch ▶grammatische Grundsätze zu berücksichtigen, z. B.: ▶ S. 76–107

*Sie sprachen vo**m** heftige**n** Gewitter in der letzten Nacht.*
*Bei heftige**m** Gewitter ist man im Auto sicher aufgehoben.*
*Vo**n** heftige**n** Gewitter**n** möchten wir in den nächsten Wochen verschont bleiben.*

*Sabine und Jörn **s**katen oft.*
*Das **S**katen macht ihnen Spaß.*

*Der Mann sieht das Kind, da**s** über die Straße läuft.*
*Der Mann sieht, da**ss** das Kind über die Straße läuft.*

3.1 Tipps zum Rechtschreiben

Schreibweisen ausprobieren

Um zu durchschauen, wie Wörter geschrieben werden, kannst du verschiedene Proben anwenden:

- das **Wort verlängern**: *Wald – Wälder, Weg – Wege*
- ein **verwandtes Wort** suchen: *willst – wollen, Bäume – Baum*
- ein zusammengesetztes Wort in seine Bestandteile **zerlegen**: *Sperrmüllplatz – Sperr + müll + platz*

Das Wörterbuch – dein starker Helfer

Man kann nicht alles wissen, man muss nur wissen, wo es steht. Das gilt auch für die Rechtschreibung. Jeder kann Fehler vermeiden, wenn er bei Zweifeln über die richtige Schreibweise im Rechtschreibwörterbuch nachsieht.

Richtiges Abschreiben von schwierigen Wörtern

1. Lies dir das ganze Wort genau durch.
2. Überlege, was dir daran schwierig erscheint.
3. Gliedere das Wort in Teile, die du schon kennst; präge dir besonders die Teile ein, die neu für dich sind.
4. Schreibe das Wort jetzt auswendig hin.
5. Kontrolliere deine Schreibung.

Beim **Abschreiben fremder Texte** sollte man die Vorlage erst vollständig durchlesen und schwierige Wörter markieren, damit man beim Abschreiben dieser Wörter besonders sorgfältig vorgeht. Oft handelt es sich um Fremdwörter.

Beim **Mitschreiben eines unbekannten Textes** ergibt sich oft erst aus dem Sinnzusammenhang, welches Wort an einer bestimmten Stelle gemeint ist. Erst dann kann man entscheiden, wie das Wort zu schreiben ist. Oft hilft die **Verlängerungs-** oder **Verwandtschaftsprobe** (s. o.) weiter.

Die Silbentrennung

Mehrsilbige Wörter trennt man nach **Sprechsilben**, die man bei langsamem, betontem Sprechen hören kann, z. B.: *Au-ge, Dumm-heit, dum-mer-wei-se, Gip-fel, Schnip-sel, lis-tig.*
Aber: Einzelne Buchstaben werden nicht abgetrennt: *Abend, eben, Ufer, Kleie.*
Faustregel für Zweifelsfälle: Von mehreren Konsonanten kommt nur der letzte auf die neue Zeile, z. B.: *Hand-lung, Kennt-nis, Hams-ter, Fens-ter, Ängs-te, nächs-tens, Emp-fang, sump-fig, Ver-häng-nis.*

Die Rechtschreibkartei

Eine Rechtschreibkartei ist eine Wörtersammlung, die du auf **Karteikarten** oder **Ringbuchblättern** führen kannst. Wichtig ist immer, dass du in der Kartei sorgfältig und fehlerfrei schreibst, damit du dir nichts Falsches einprägst.
In diese **persönliche Fehlerkartei** nimmst du alle Wörter auf, bei denen du häufig Fehler machst.
Und so übst du mit der Rechtschreibkartei:

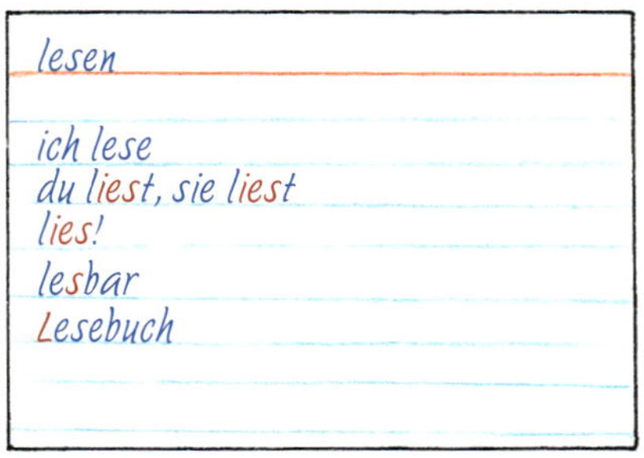

- Ein Wort lesen und einprägen.
- Das Wort aus dem Gedächtnis aufschreiben und dabei leise mitsprechen.
- Falsch geschriebenes Wort durchstreichen und noch einmal richtig aufschreiben.
- Hinter das richtig geschriebene Wort auf der Karteikarte mit Bleistift ein Plus-Zeichen (+) setzen.
- Hinter das falsch geschriebene Wort auf der Karteikarte ein Minus-Zeichen (-) setzen.
- Nach +++ kannst du das Wort sicher schreiben!

Rechtschreibung üben

Rechtschreiben lernt man beim Schreiben. Dazu gibt es zahlreiche Arbeitshilfen und Übungsaufgaben. Du kannst z. B. selbstständig üben, indem du kurze Texte abschreibst und anschließend sorgfältig auf Fehler kontrollierst. Auch durch regelmäßiges Üben mit einer Rechtschreibkartei (s. o.) kannst du deine Rechtschreibung stark verbessern.
Grundsätzlich solltest du falsch geschriebene Wörter in deinen Übungen neu schreiben, damit du nichts Falsches behältst.
Eine klare Schrift mit gut unterscheidbaren Buchstaben hilft beim Einprägen der Wortbilder.
Regelmäßige kurze Trainingseinheiten sind sinnvoller als seltenes ausgedehntes Üben.

3.2 Zwei Prinzipien der deutschen Rechtschreibung

Lautprinzip	**Beispiele**
Im Deutschen wird vieles so geschrieben, wie man es spricht. Das nennt man das Lautprinzip der Schreibung. Darum ist es so wichtig, genau hinzuhören und sich manchmal ein Wort laut und deutlich vorzusagen, wenn man etwas aufschreibt.	*Birne, Glas, Regel, Kunde*
Stammprinzip	
Wortstämme werden möglichst überall gleich geschrieben. Das nennt man das Stammprinzip der Schreibung. Also schreibt man „Weg“ und „Wege“, auch wenn man das „g“ unterschiedlich spricht; also schreibt man „Räuber“ mit „äu“, weil es zu „rauben“ gehört.	*Hand – Hände* *Rede – redlich* *weise – weissagen*

Tipp

In Zweifelsfällen **Wortfamilien** bilden!

warm
wärmer, am wärmsten
Wärme, wärmen
Wärmflasche
den Tee warmhalten
sich warm laufen

Haus
Häuser, häuslich
Häuschen
nach Hause, zu Hause
Haushalt, Hausherr
haushoch

Wald
Wälder, Wäldchen
bewaldet, waldig
waldreich
das Waldsterben
Waldrand

3.3 Kurze und lange Vokale

Doppelkonsonanten

Ob ein Vokal (Selbstlaut) kurz oder lang gesprochen wird, bestimmt mit über die Schreibung der nachfolgenden Konsonanten (Mitlaute). Dazu einige Rechtschreibtipps.

Nach **betonten kurzen Vokalen** folgen fast immer zwei Konsonanten.	**Beispiele**
In den meisten Fällen kann man sie beim Hören gut unterscheiden.	*E**nd**e, To**pf**, Ka**rt**e, de**nk**en, Ta**nt**e, Hu**ng**er, ju**ng**, wa**rm**, Sa**mt**, fre**md**, ha**lt**en, ka**lt** …*
Hört man nur einen Konsonanten, wird der beim Schreiben **verdoppelt.**	*kna**bb**ern, Pu**dd**ing, Ko**ff**er, Ba**gg**er, Ba**ll**, schwi**mm**en, Bru**nn**en, Su**pp**e, i**rr**en, verge**ss**en, schü**tt**eln …*
Es gibt zwei Sonderfälle: Statt verdoppeltem **k** schreibt man **ck.**	*Glü**ck**, gu**ck**en, He**ck**e, wa**ck**eln, zwi**ck**en, Sa**ck**, we**ck**en, ho**ck**en, A**ck**er, lo**ck**en, Re**ck** …*
Vorsicht: In **Fremdwörtern** steht nach kurzem Vokal oft nur ein einfaches **k**, manchmal auch **kk**.	*Ta**k**t, Do**k**tor, Archite**k**t, dire**k**t, pra**k**tisch, he**k**tisch …* *A**kk**usativ, A**kk**ordeon, Mo**kk**a …*
Statt verdoppeltem **z** schreibt man **tz**.	*Ka**tz**e, Schu**tz**, Hi**tz**e, ä**tz**end, tro**tz**, plö**tz**lich, nü**tz**lich, Matra**tz**e …*
Nach **l, m, n, r** – das merke ja – steht nie **tz** und nie **ck.**	

Dehnungszeichen

Bei betonten langen Vokalen unterscheiden sich die Schreibungen.

Für **lang gesprochenes a, e, o, u** gilt:	**Beispiele**
In den meisten Fällen sind die langen Vokale **a, e, o, u gar nicht** gekennzeichnet.	*Bart, Haken, fragen, brav, graben, Straße, Nase, Erde, lesen, Regen, fegen, Hof, Lob, rot, Trost, Mond, Kuchen, Fuß, rufen, suchen …*
Zu einem kleinen Teil werden sie mit **nachfolgendem h** geschrieben. Das **h** erscheint oft – aber nicht immer! – in den Verbindungen **hl, hm, hn, hr** und bleibt auch in den verwandten Wörtern erhalten.	*Sta**hl**, Wa**hl**, ho**hl**, fü**hl**en, la**hm**, za**hm**, Le**hm**, Bü**hn**e, Fa**hn**e, Lo**hn**, So**hn**, Ha**hn**, me**hr**, se**hr**, fü**hr**en, Ro**hr**, U**hr** …*
Nur wenige Wörter werden mit **Doppelvokal** geschrieben.	*H**aa**re, P**aa**r, S**aa**l, B**ee**re, B**ee**t, F**ee**, T**ee**, Kaff**ee**, M**ee**r, B**oo**t, Z**oo**, d**oo**f …*
Wenn sich von diesen Wörtern Ableitungen mit Umlaut bilden lassen, entstehen **einfache Umlaute**.	*Paar – P**ä**rchen, Saal – S**ä**le, Boot – B**ö**tchen*

Für das **lang gesprochene i** gilt:	**Beispiele**
Die meisten Wörter mit lang gesprochenem i werden mit **ie** geschrieben.	*K**ie**s, W**ie**se, kr**ie**chen, T**ie**r, l**ie**b, h**ie**r, v**ie**l, v**ie**lleicht, z**ie**mlich, n**ie**mand, kr**ie**gen, schl**ie**ßen, schw**ie**rig, (er) f**ie**l, (sie) l**ie**st*
Nur in den Pronomen **ihm/ihn/ihr** wird das lang gesprochene i als **ih** geschrieben:	*Wir schenken **ihm** ein Buch und **ihr** eine CD. Sie gab **ihnen** fünf von **ihren** Bonbons. In **ihrer** Tasche fand sie **ihr** Handy nicht.*
Sehr selten sind Wörter mit **ieh.**	*z**ieh**en, fl**ieh**en, gel**ieh**en, V**ieh***
In **Fremdwörtern** wird das lang gesprochene i oft mit einfachem **i** geschrieben.	*Masch**i**ne, Bleistiftm**i**ne, Apfels**i**ne, Sk**i**, Ros**i**ne, Kl**i**ma, Mot**i**v, St**i**l, K**i**lo, Kam**i**n*

3.4 Schreibung des s-Lauts

Wichtig für die Rechtschreibung ist die Unterscheidung zwischen **stimmhaftem s** (z. B. in *Wiese*) und **stimmlosem s** (z. B. in *Fuß*).

Stimmhaftes s

… wird **immer** als **s** geschrieben, z. B.: *Riese, rasen, Hose, Gemüse, sausen, zu Hause, reisen, lesen, also, böse, Dose, gesund, leise, Pause, rosa, tausend …*

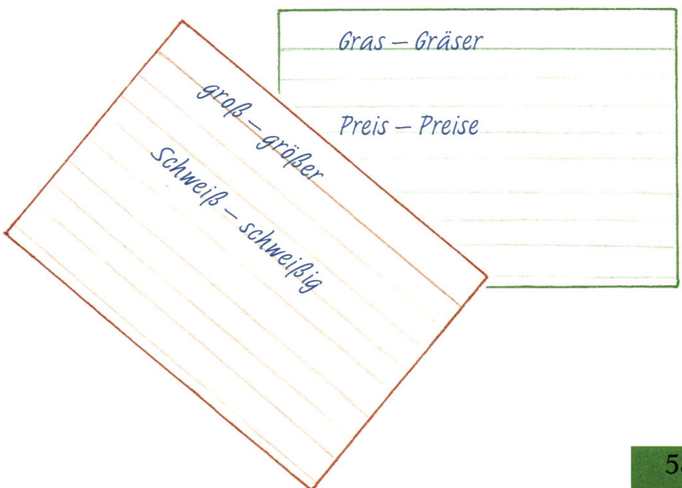

Stimmloses s

Nach **langem Vokal** und nach **Diphthong** (Doppellaut: *ei, au …*) kann **s** oder **ß** stehen. Mit Hilfe der **Verlängerungsprobe** kann man entscheiden, welche Schreibung am Wortende die richtige ist:

Wird der s-Laut **stimmhaft**, endet das Wort auf -s, z. B.: *Haus – Häuser*

Bleibt der s-Laut **stimmlos**, steht ß, z. B.: *Fu**ß** – Fü**ß**e*

Hört man im Wortinnern **am Silbenanfang** einen stimmlosen s-Laut, wird **ß** geschrieben, z. B.: *au-**ß**en, Stra-**ß**e, drei-**ß**ig, genie-**ß**en, sto-**ß**en*

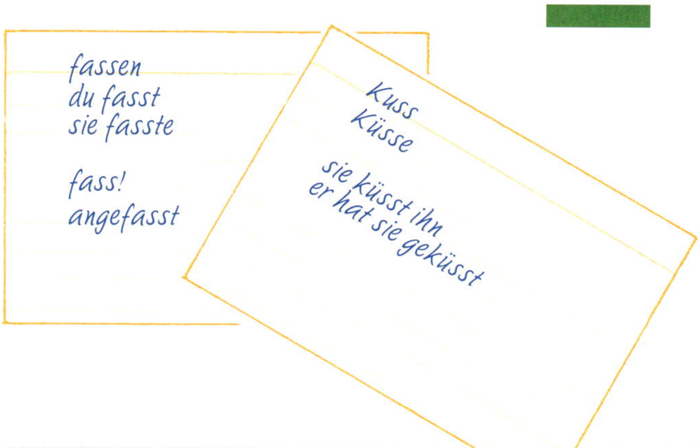

Stimmloses s

Nach **betontem kurzem Vokal** wird der folgende stimmlose s-Laut fast immer **ss** geschrieben, z. B.: *Nu**ss**, mü**ss**en, na**ss**, Ta**ss**e, Ri**ss**, Ki**ss**en …*

Das s in wechselnden Verbformen

Steht im Infinitiv ein stimmhaftes s, bleibt nach dem Stammprinzip die **s**-Schreibung in allen Verbformen erhalten, z. B.: *er ra**s**t, er ist gera**s**t; es sau**s**t*

Wechselt bei Verbformen die Vokallänge, dann beeinflusst das die Schreibung des s-Lautes.

Nach kurzem Vokal steht **ss**, z. B.:	Nach langem Vokal und Diphthong steht **ß**, z. B.:
*e**ss**en – er i**ss**t*	*e**ss**en – er a**ß***
*rei**ß**en – es ri**ss***	*rei**ß**en – es rei**ß**t*
*la**ss**en – er lä**ss**t*	*la**ss**en – er lie**ß***

3.5 Groß- und Kleinschreibung

Großgeschrieben werden
- alle Satzanfänge: *Er tanzt gern.*
- alle Nomen und Nominalisierungen: *die Liebe, der Buchhändler; etwas Neues, gutes Zuhören …*
- die Höflichkeitsanrede *Sie, Ihnen* usw.

Nomen und Nominalisierung

Nomen kann man gut erkennen
- an den **Nomenendungen:**

-heit	*Gelegenheit, Klugheit, Gemeinheit, Überlegenheit, Gelassenheit …*
-keit	*Tapferkeit, Einigkeit, Heiterkeit, Traurigkeit, Geschicklichkeit …*
-nis	*Geheimnis, Erlebnis, Ergebnis, Verständnis, Erlaubnis …*
-ung	*Strömung, Verpflegung, Begegnung, Verpflichtung, Bemerkung …*
-tum	*Wachstum, Fürstentum, Eigentum, Brauchtum, Heiligtum …*
-schaft	*Wirtschaft, Verwandtschaft, Gesellschaft, Eigenschaft, Gemeinschaft …*
-in	*Fürstin, Lehrerin, Sängerin, Ärztin, Anwältin …*

- an den **Nomensignalen,** das sind die verschiedenen Begleiter der Nomen, z. B. Artikel, Pronomen, Präposition, Adjektiv: ***der*** *Mut,* ***ihre*** *Klugheit,* ***vor*** *Schreck,* ***gute*** *Stimmung.*

Manchmal stehen Nomen ganz ohne Begleiter. Dann muss man von ihrer Bedeutung oder der Wortbildung auf die Großschreibung schließen.

Das Gleiche gilt für **Nominalisierungen,** das sind Wörter, die im Satz als Nomen gebraucht werden, obwohl sie eigentlich anderen Wortarten angehören. In Verbindung mit Nomensignalen können z. B. Verben, Adjektive, Pronomen, Adverbien, Zahlwörter zu Nomen werden:

Nomensignale	Beispiele
Vorausgehender Artikel, manchmal mit einer Präposition verschmolzen ↓	*der Vater, die Jacke, das Auto* *ein Hund, eine Katze, ein Kalb* *zur (= zu der) Frau, beim Auto* *zur Not, im Haus* *bei Tisch, mit Hilfe, in Bezug auf*
Nominalisierung nach Artikel, manchmal mit Präposition	*der **A**lte, das **L**etzte, die **J**üngste* *eine **D**rei (würfeln)* *im **V**oraus, im **G**roßen und **G**anzen* *im **G**runde, ins **R**eine (bringen)* *auf **D**u und **D**u, mit **A**ch und **K**rach*
Vorangestelltes Pronomen oder Zahlwort ↓	*dieses Land, dieser Abend* *jene Dame, seiner Tante* *ihrem Freund, mein Teddy* *jede Stunde, viele Fotos* *etwas Freude* *drei Gärten* *zehn Bücher, tausend Leute*
Nominalisierung nach Pronomen oder Zahlwort	*jeder **D**ritte, jede **B**eliebige* *genug **E**ssbares, nichts **G**ekochtes* *wenig **S**üßes, kein **A**ber* *dein **L**achen, unser **B**estes* *dieses **S**chweigen, jenes **F**lüstern*
Vorangestelltes Adjektiv oder Partizip, oft in Verbindung mit einem Artikel ↓	*ein herrliches Haus* *ein geschmücktes Zimmer* *der fremde Palast* *das traurige Mädchen* *die bellenden Hunde* *blühende Blumen*
Nominalisierung nach Adjektiv oder Partizip (z. T. mit Artikel)	*das bedrückende **S**chweigen* *fröhliches **L**achen, kurzes **Z**ögern* *gelangweiltes **G**ähnen* *ein unterschwelliges **B**eben* *langes **H**in und **H**er*
Nachgestelltes Attribut ↓	*ihre Heimat, die weite Wüste* *Harry Potter, sein großer Held* *Alexander, der große Eroberer* *im Garten, ihrem Lieblingsort*
Nominalisierung in Verbindung mit nachgestelltem Attribut	*die **N**eue, eine Aussiedlerin* *sein **L**achen, ein dröhnender Bass*

Denominalisierungen

Wenn aus Nomen Wörter anderer Wortarten entstehen, nennt man das **Denominalisierung.**
Aus Nomen entstandene Wörter anderer Wortarten werden **kleingeschrieben:**

Adverbien (oft erkennbar an der Endung -s)	*anfangs, rechtens, rings, teils, mitten, willens, morgens, mittags, sonntags, werktags, durch dick und dünn, von klein auf, über kurz oder lang, kreuz und quer*
Präpositionen und Teile von präpositionalen Fügungen	*dank, kraft, laut (Duden), statt, trotz seitens, namens, angesichts, um … willen beiseite, anstatt, inmitten, zuliebe*
unbestimmte Pronomen und Zahlwörter	*ein bisschen, ein paar (einige)*
bestimmte Adjektive, wenn sie mit „sein", „bleiben" oder „werden" verbunden sind	*Ich bin es leid. Er ist schuld daran. Mir wird angst und bange. Sie ist mir gram. Das ist recht so. Die Firma ist pleite.*

Tageszeiten und Wochentage

	Vorsicht: Wortart beachten!	
Tageszeiten und Wochentage werden **großgeschrieben, …**	… wenn sie **Nomen** sind. Man erkennt das oft an den üblichen Nomensignalen,	
	z. B. am Artikel	*der Mittwoch, ein Sonntag des Mittags, eines Dienstags Eines Morgens rief sie ihn an.*
	oder an der Präposition (oft mit Artikel), am Adjektiv oder Partizip	*am Abend, kommenden Freitag zum nächsten Morgen Sie trafen sich am Nachmittag.*
	oder am Pronomen oder Zahlwort.	*jeden Morgen, dieser Abend drei Sonntage Sie haben sich auch an vielen Abenden gesehen.*
Tageszeiten und Wochentage werden **kleingeschrieben, …**	… wenn sie **Adverbien** sind.	*sonntags, samstags, montags … mittags, abends, nachmittags Sie muss werktags arbeiten.*
Bei kombinierten Tageszeitangaben schreibt man die **Adverbien klein** und die **Nomen groß.**		*gestern Abend, vorgestern Nacht heute Nachmittag, morgen Mittag übermorgen Vormittag Seit gestern Morgen wartet er auf ihren Anruf.*

Geografische Namen und Herkunftsbezeichnungen

		Beispiele
In **Zusammensetzungen mit mehrteiligen Eigennamen,** die durch Bindestrich verbunden sind, …	… werden die Eigennamen wie alle Nomen **großgeschrieben.**	***R**hein-**M**ain-**G**ebiet* ***F**riedrich-**S**chiller-**S**traße*
Vorsicht: Zusammensetzungen mit **einteiligen Eigennamen** werden zusammengeschrieben.		*Rheintal, Schillerstraße*
In **mehrteiligen Eigennamen** mit Bestandteilen, die **keine Nomen** sind, …	schreibt man alle Wörter **groß,** mit Ausnahme von Artikeln und Präpositionen.	***V**ereinigte **S**taaten von **A**merika* ***F**reie und **H**ansestadt **H**amburg* ***U**nter den **L**inden* ***K**ahler **A**sten*
Herkunftsbezeichnungen mit **Ableitungen auf -er …**	… schreibt man **groß.**	***K**ölner Dom* ***B**erliner Bär* ***M**eißener Porzellan* ***H**eidelberger Schloss*
Herkunftsbezeichnungen mit **Ableitungen auf -isch …**	… gehören zur Wortart der Adjektive, deswegen schreibt man sie **klein.**	***h**essisches Fulda* ***i**talienische Stadt* ***i**ndischer Tee*

3.6 Getrennt- und Zusammenschreibung

Die folgenden Regelungen geben Orientierungshilfen. Aber: Im Bereich der Getrennt- und Zusammenschreibung gibt es zahlreiche Ausnahmen. Darum im Zweifelsfall: Im Rechtschreibwörterbuch **nachschlagen**!

Auch wenn zwei Wörter inhaltlich eng zusammengehören, schreibt man sie in der Regel **getrennt.**		**Beispiele**
Alle Wortgruppen mit dem Verb **„sein“**		*froh*, *lustig*, *traurig*, *begeistert*, *frustriert*, *allein*, *wichtig* } *sein*
Die meisten Wortgruppen aus **mehreren Verben**	• Infinitiv + Verb	*laufen lernen, lesen üben* *schlafen lassen, bleiben müssen* *spazieren gehen*
	• Partizip + Verb	*gesagt bekommen* *geliehen bekommen* *getrennt schreiben* *gefangen nehmen*
Die meisten Wortgruppen aus	• **Nomen + Verb**	*Klavier spielen, Schlange stehen* *Pleite machen, Angst haben* *Rad fahren, Auto fahren* *Radio hören, Zeitung lesen* *Feuer fangen, Tango tanzen*
	• **Adjektiv + Verb,** wenn die Verbindung wörtlich verstanden werden kann	*laut singen* *sauber schreiben* *schnell rennen* *bequem sitzen* *kritisch beäugen* *freundlich lächeln* *zeitig abreisen*
Viele Wortgruppen aus	• **Adverb + Verb**	*links stehen* *oben liegen* *oft kommen* *gern sehen* *miteinander reden* *aneinander denken*

Zusammen schreibt man unter anderem	**Beispiele**
Zusammensetzungen aus **Nomen + Nomen**	*Blumenvase, Bildschirm, Tischbein*
Zusammensetzungen aus **Nomen + Adjektiv**	*bärenstark, kindgerecht, stundenlang*
Zusammensetzungen aus **Adjektiv + Adjektiv**	*lautstark, dunkelblau, nasskalt*
untrennbare Verbzusammensetzungen, bei denen die Reihenfolge der Bestandteile immer die gleiche ist.	*durchqueren* → *Ich **durchquere** die Wüste.* *Nicht: Ich quere die Wüste durch.* *wetteifern* → *Sie **wetteiferten** um den Pokal.* *Nicht: Sie eiferten wett um den Pokal.* *(sich) langweilen* → *Sie **langweilten** sich beim Festakt.*
Verbindungen von **Adjektiv + Verb,** die man nicht wörtlich, sondern nur im übertragenen Sinn verstehen kann.	*schwarzfahren* (= ohne Führerschein fahren) *blaumachen* (= dem Unterricht/der Arbeit fernbleiben) *krankschreiben* (= eine Krankheit bescheinigen) *fernsehen* (= das Fernsehprogramm anschauen) *hochrechnen* (= aus wenigen Daten ein Gesamtergebnis berechnen) *schwerfallen* (= Mühe verursachen) *richtigstellen* (= etwas korrigieren) *schiefliegen* (= etwas falsch beurteilen) *klarmachen* (= etwas verdeutlichen)
die meisten Verbindungen aus **Adverb + Verb**	*vorwärtskommen, entlanggehen, auseinandersetzen, beiseitestellen, abhandenkommen, zugutehalten*
Verbindungen mit *irgend*	*irgendwer, irgendjemand, irgendetwas*
Nominalisierungen von Wortgruppen.	*Beim **Tangotanzen** machte er eine gute Figur.* *Unvorsichtiges **Autofahren** ist lebensgefährlich.* *Das **Kennenlernen** fremder Länder kann aufregend sein.*

3.7 Fremdwörter

Fremdwörter sind aus fremden Sprachen übernommene Wörter. Meist erkennt man sie bereits an der Aussprache und an der Schreibung, denn sie gehorchen dabei den Regeln ihrer Herkunftssprache, z. B. *Snowboard, Bulletin, Amphitheater.*
Vielfach haben sich beim Gebrauch im Deutschen gewisse Regelmäßigkeiten in der **Wortbildung** entwickelt, die es uns ermöglichen, sowohl die Herkunft der Wörter zu bestimmen als auch ihre Schreibung zu beherrschen, z. B.

aus dem **Griechischen:**	**th**	**ph**	**y**	**rh**	**-ik**
	*A**th**let* ***Th**eater* *pa**th**etisch* ***Th**erapie*	*Atmos**ph**äre* ***Ph**iloso**ph**ie* *eu**ph**orisch* ***Ph**ysik*	*System* *Hymne* *mystisch* *Psychologie*	***Rh**ythmus* ***Rh**etorik* ***Rh**abarber* ***Rh**euma*	*Log**ik*** *Hekt**ik*** *Esoter**ik*** *Opt**ik***
aus dem **Lateinischen:**	**-ieren**	**-tion**	**-iv**	**-ent**	**-ismus**
	*rea**gieren*** *disku**tieren*** *gratu**lieren*** *ser**vieren***	*Reak**tion*** *Abstrak**tion*** *Ak**tion*** *Lek**tion***	*akt**iv*** *kurs**iv*** *selekt**iv*** *fikt**iv***	*Stud**ent*** *Konsum**ent*** *Präsid**ent*** *Oppon**ent***	*Organ**ismus*** *Sozial**ismus*** *Real**ismus*** *Fatal**ismus***
aus dem **Englischen:**	**-y**	**oo**	**-ing**	**ea**	**-ity**
	*Part**y*** *Hobb**y*** *Bab**y***	*c**oo**l* *Shamp**oo*** *L**oo**ping*	*Recycl**ing*** *Camp**ing*** *Mobb**ing***	*R**ea**der* *Fr**ea**k* *H**ea**ring*	*Public**ity***
aus dem **Französischen:**	**-eur/-euse**	**-é**	**-eau**	**-age**	**oi**
	*Amat**eur*** *Fris**euse***	*Caf**é*** *Variet**é***	*Niv**eau*** *Tabl**eau***	*Gar**age*** *Blam**age***	*T**oi**lette* *S**oi**ree*
aus dem **Italienischen:**	**gh**		**cch**		**zz**
	*Spa**gh**etti,* ***Gh**etto*		*Zu**cch**ini,* *Pino**cch**io*		*Ski**zz**e* *Pi**zz**a*

Tipp
Gerade bei Fremdwörtern lohnt sich oft das **Nachschlagen** im Rechtschreibwörterbuch oder im Fremdwörterbuch!

Eingedeutschte Schreibweisen

	Beispiele
Manche **Fremdwörter aus dem Allgemeinwortschatz** werden **eingedeutscht,** d. h. in ihrer Schreibweise dem Deutschen angepasst. Die fremdsprachige Schreibung bleibt oft neben der eingedeutschten bestehen. Durch die **Doppelschreibungen** sollen die Fremdwörter ins Deutsche einbezogen und die Schreibung insgesamt erleichtert werden. Die Entscheidung, welche Variante gewählt wird, ist den Schreibenden überlassen. Weil es keine eindeutige Regelung gibt, für welche Fremdwörter eine eingedeutschte Schreibweise möglich ist, hilft in Zweifelsfällen nur der Blick ins Rechtschreibwörterbuch.	*Fotografie – Photographie* *Fantasie – Phantasie* *Jogurt – Joghurt* *Spagetti – Spaghetti* *Majonäse – Mayonnaise* *Portmonee – Portemonnaie* *Klub – Club* *Diskothek – Discothek* *schick – chic* *Scharm – Charme*
Fremdwörter aus Fachsprachen werden dagegen **nicht eingedeutscht** und behalten die typischen fremdsprachlichen Buchstabengruppen bei. Dies gilt z. B. auch für eine Reihe von Fachbegriffen im Deutschunterricht, die vorwiegend aus dem Griechischen und Lateinischen stammen.	*Interjektion, Konjunktion, Apposition, Alphabet, Metapher, Strophe, Phonetik, Morphem, Diphthong, Euphemismus, Bibliothek, Synästhesie, These, Synonym, Etymologie, analytisch, Syntax, syntaktisch, Hypotaxe, Lyrik, Hyperbel, Mythos, Rhythmus, Rhetorik, Szene*

Silbentrennung bei Fremdwörtern

Bei Fremdwörtern **trennt** man (wie bei deutschen Wörtern) Zusammensetzungen und Wörter mit Präfix nach ihren **Wortbausteinen**, z. B.: *Blue-jeans, Centre-court, Talk-show, Pro-gramm, In-stanz.*

Wenn man die Wortbausteine nicht erkennt, z. B. bei Wörtern aus Fremdsprachen, die man nicht gelernt hat, darf man diese Wörter nach ihren Sprechsilben trennen.

Trennung nach **Wortbausteinen,** z. B.:	Trennung nach **Sprechsilben,** z. B.:
in-ter ↔ es-sant	in-te-res-sant
Päd ↔ ago ↔ ge	Pä-da-go-ge
Hekt ↔ ar	Hek-tar

Werden **zwei Konsonanten als ein Laut** gesprochen, dürfen diese Buchstaben nicht getrennt werden, z. B.: *Ste-**ph**an, Sa-**ph**ir, Apo-**th**e-ke, Myr-**rh**e.*

4 Zeichensetzung

4.1 Satzschlusszeichen

- Mit dem **Punkt** kennzeichnet man den Schluss eines **Aussagesatzes:** *Eine klare Schrift ist gut lesbar.*
- Das **Fragezeichen** setzt man am Ende des **Fragesatzes:** *„Wann kommst du nach Hause?"*
- Das **Ausrufezeichen** steht nach **Ausrufen, Aufforderungen, Wünschen, Anreden:** *„Komm bitte morgen!", „Bitte Ruhe!"*

4.2 Das Komma

Das Komma gliedert
- ▶ S. 97 ▶ Satzreihen
- ▶ S. 98 ▶ Satzgefüge
- ▶ S. 71 ▶ Wortgruppen

Das Komma in der Satzreihe

Durch Kommas abgetrennt werden: **Teilsätze in der Satzreihe** (Hauptsatz + Hauptsatz):
Wir betraten das Haus, es war nichts zu hören.

______HS 1_______, ______HS 2______.

Vor den **Konjunktionen**
aber, sondern, doch, jedoch u. a.
steht ein Komma:

Das Schiff fährt nicht nur bei gutem Wetter, sondern es verkehrt auch bei schlechtem Wetter.
Ich dachte lange nach, aber der Titel des Buches fiel mir nicht ein.
Er kann gut Ski fahren, doch dieser Hang war ihm zu steil.
Sie isst gern Süßes, jedoch die Fondant-Pralinen fand sie zu süß.

Vor den **Konjunktionen**
und, oder, entweder … oder, weder … noch, sowohl … als auch, bzw. u. a.
muss **kein Komma** stehen, man kann aber das Komma zur Verdeutlichung setzen:

Herr Müller fuhr mit dem Fahrrad(,) und seine Tochter saß auf dem Rücksitz.
Verena fährt mit ihren Eltern nach Italien(,) oder sie wandert mit Freunden in der Eifel.
Entweder du räumst die Spülmaschine aus(,) oder du deckst den Tisch.
Weder trafen sie sich in der Stadt (,) noch begegneten sie sich auf dem Bahnhof.

Das Komma im Satzgefüge

Grundregel zur Kommasetzung bei **Nebensätzen:** Kommas grenzen Nebensätze vom Hauptsatz ab.	**Beispiele**
Dabei sind verschiedene Satzstellungen möglich: **Hauptsatz + Nebensatz** __HS______, NS______.	*Das Buch wird weitergereicht,* *weil es spannend ist.* *Der Junge kam zu spät,* *weil er eingeschlafen war.*
Nebensatz + Hauptsatz HS______. __NS______,	*wird es gern gelesen.* *Wenn das Buch spannend ist,* *las er sofort weiter.* *Nachdem er aufgewacht war,*
Anfang des Hauptsatzes + Nebensatz + Fortsetzung des Hauptsatzes __HS (Anf.)__, HS (Forts.)__. NS__,	*Ein Buch, wird von vielen gelesen.* *das spannend ist,* *Ein Mensch, hat selten Langeweile.* *der viel liest,*

Zusatzregel	**Beispiele**
Mehrere Nebensätze werden gegeneinander durch Kommas abgegrenzt. ______HS______, NS 1______, NS 2______.	*Das Buch ist spannend,* *weil es von einer Expedition handelt,* *bei der ein fremdes Volk entdeckt wurde.* *Ein Kind geht in die Bibliothek,* *um ein Buch auszuleihen,* *das von Afrika handelt.*

Sonderfall: Infinitivgruppen	**Beispiele**
Infinitivgruppen, die im Satz die Funktion von Nebensätzen übernehmen, heißen satzwertige Infinitive oder **Infinitivsätze.** Sie bestehen aus einem Infinitiv mit „zu“ und mindestens einem weiteren Wort.	Sie hoffte, *es zu schaffen.*
Infinitivsätze müssen durch **Kommas** abgetrennt werden, wenn	
• der Infinitivsatz durch *um, ohne, statt, anstatt, außer, als* eingeleitet wird;	Ich möchte das Buch lesen, *um mehr über Haie zu erfahren.*
• der Infinitivsatz von einem Substantiv abhängt;	Wir hatten den Plan, *uns gründlich über Haie zu informieren.*
• der Infinitivsatz von einem hinweisenden Wort wie *daran, darauf* oder *es* abhängt.	Wir hatten uns darauf gefreut, *den Film über Haie anzusehen.*
In anderen Fällen ist das Komma freigestellt. **Es empfiehlt sich, die Kommas immer zu setzen,** weil sie für die Lesenden eine Hilfe darstellen und niemals falsch sind.	Sie bat ihren Nachbarn(,) *mit verletzenden Worten zurückhaltend zu sein.* Sie bat ihren Nachbarn mit verletzenden Worten(,) *zurückhaltend zu sein.*

Sonderfall: Partizipgruppen	**Beispiele**
Obwohl Partizipgruppen kein Verb in der Personalform enthalten, können sie im Satz die Funktion von Nebensätzen übernehmen. Man nennt sie darum auch **satzwertige Partizipien.** Partizipgruppen müssen normalerweise **nicht** durch Kommas abgetrennt werden.	*Wie gewünscht(,)* erhalten Sie das Fax mit der Einladung. *Ständig blinkend(,)* meldete das Gerät ein eingegangenes Fax.
Kommas stehen, wenn durch hinweisende Wörter auf die Partizipgruppe Bezug genommen wird.	So, *vollends ausgeschrieben*, ist das „Fax“ ein „Faksimile“. Auf diese Weise, *Wort für Wort übersetzend*, las er das italienische Fax.
Kommas stehen auch, wenn die Partizipgruppe eine **nachgestellte Erläuterung** ist. Oft stehen solche nachgestellten Erläuterungen am Satzende.	Keinen Bezug zum „Fax“ hat das lateinische „fax“, *die „Fackel“ bezeichnend.* Ihre Freundin, *das gerade eingegangene Fax lesend*, freute sich über die Einladung.

Das Komma in Wortgruppen

Durch **Kommas abgetrennt** werden:	**Beispiele**
• Wörter und Wortgruppen in **Aufzählungen**	*Die Schüler tragen einen bequemen, weiten Umhang.* *Du wolltest doch früh nach Hause kommen, Aufgaben machen, dann Tennis spielen.*
Vor den Konjunktionen *aber, jedoch, sondern, doch* u. a. steht ein Komma.	*Das alte, aber wertvolle Schulrelief kann man im Trierer Landesmuseum sehen.* *In den Pausen gab es herben, jedoch wohlschmeckenden Tee.*
Aber: Vor den Konjunktionen *und, oder, entweder … oder* u. a. steht kein Komma.	*Der Schüler hebt die Hand entweder zum Gruß oder zur Entschuldigung.* *Der Lehrer ist enttäuscht und zornig.* *Die Jungen schreiben Buchstaben oder Zahlen.*
• **Appositionen,** d. h. nachgestellte nähere Bestimmungen, die im gleichen Kasus stehen wie das Bezugswort, meist ein Nomen	*Oskar, der freundliche Polizist, konnte den Fall schnell lösen.* *Frau Meier, die Direktorin, gab allen Kindern schulfrei.* *Sie gedachten Lessings, des großen deutschen Dichters.*
• **Orts- und Zeitangaben** (das abschließende Komma kann entfallen)	*Köln, den 6. August 2000* *Kursbeginn am Montag, dem 16. Oktober, um 7.45 Uhr(,) in Raum 21* *Timo M., Essen, Schillergymnasium(,) gewann den Wettbewerb.*
• **Anreden**	*Nina, gib mir bitte das Buch zurück.* *Freunde, hört mir mal zu.* *Hör mir endlich zu, Jan!* *Gehst du, Nora, bitte zur Tür?*
• **Nachgestellte Erläuterungen** Sie werden oft mit Wörtern wie *nämlich, und zwar, vor allem, das heißt (d. h.), zum Beispiel (z. B.)* eingeleitet.	*Das römische Schulrelief wurde in der Eifel ausgegraben, und zwar im Jahre 1884.* *Die Archäologen fanden ein Relief, z. B. mit einer Schulszene.* *Die Figuren, vor allem der Magister, sind gut erhalten.*

4.3 Anführungszeichen

▶ S. 74

		Beispiele
Anführungszeichen	• stehen vor und hinter einer **wörtlich wiedergegebenen Äußerung** (▶richtiges Zitieren).	*Sokrates sagte: „Ich weiß, dass ich nichts weiß."* *„Hast du das verstanden?", fragte sie.* *Er stöhnte: „Der Text ist schwierig", und übersetzte den nächsten Satz.*
	• stehen vor und hinter **zitierten Überschriften**, Titeln von Büchern, Filmen, Gedichten, Namen von Zeitungen u. Ä.	*Die „Süddeutsche Zeitung" enthält jeden Tag auf der ersten Seite eine Glosse mit dem Titel „Streiflicht".* *Sie lasen Lessings „Nathan der Weise" im Unterricht.* *Zum Buch „Quo vadis?" gibt es einen alten Film.*
	• dienen zur **Hervorhebung** einzelner Wortteile, Wörter oder Textteile (z. B. Sprichwörter, Fachwörter).	*Das Sprichwort „Geteiltes Leid ist halbes Leid" tröstet nicht immer.* *Der Begriff „Fan" kommt von lat. „fanaticus": schwärmend, rasend.*
Halbe Anführungszeichen	werden benutzt, wenn eine Anführung **innerhalb einer Anführung** deutlich gemacht werden soll.	*Er sagte: „Gehen wir doch ins Kino, heute läuft ‚Der Untergang der Titanic' zum letzten Mal."*

Achtung!
Treffen Punkt, Frage- oder Ausrufezeichen mit Anführungszeichen zusammen,

- so stehen die Satzschlusszeichen **innerhalb** der Anführungszeichen, wenn sie zur wörtlich wiedergegebenen Äußerung oder angeführten Textstelle gehören, z. B.: *„Wie geht es dir?", sprach er sie an.*
- so stehen die Satzschlusszeichen **außerhalb** der Anführungszeichen, wenn sie nicht zur zitierten Äußerung gehören, z. B.: *Wer kennt das Theaterstück „Die Räuber"?*

Wörtliche Rede

Die wörtliche Rede in einem Text steht in **Anführungszeichen**. Die Satzzeichen ändern sich je nach Position des Redebegleitsatzes:

Redebegleitsatz

vor der wörtlichen Rede	**inmitten** der wörtlichen Rede	**nach** der wörtlichen Rede
Zwischen einem einleitenden Redebegleitsatz und der wörtlichen Rede steht ein **Doppelpunkt**, z. B.:	Der eingeschobene Redebegleitsatz wird durch **Kommas** abgetrennt, z. B.:	Der nachgestellte Begleitsatz wird durch ein **Komma** von der wörtlichen Rede abgetrennt, z. B.:
Oskar fragte den Motorradfahrer: „Warum sind Sie so schnell gefahren?“	*„Ich gehe“, sagte Oskar, „in das Musikgeschäft auf der anderen Straßenseite.“*	*„Ich schreibe dir bald“, sagte sie.*
Der Fahrer antwortete: „Ich war in Eile.“	*„Gibt es“, fragte er, „dort auch CD-ROMs?“*	*„Ich komme bestimmt pünktlich“, versprach er ihr.*
Ein Passant rief: „Der ist zu schnell gefahren!“	*„Endlich“, rief er erfreut, „finde ich meine Lieblings-CD!“*	*„Warum kommst du so spät?“, fragte die Lehrerin.*
		„Halt! Stehen bleiben!“, rief der Polizist.

Richtiges Zitieren

	Beispiel
Wenn man Teile eines Textes, den man untersucht, wörtlich übernimmt, stehen diese Zitate in **Anführungszeichen**. Wird eine Textstelle nur teilweise übernommen, müssen die **Auslassungen** durch […] kenntlich gemacht werden. Nach den abschließenden Anführungszeichen gibt man in Klammern die **Zeile** an, in der das Zitat im Text zu finden ist. Der Schlusspunkt des Satzes steht erst nach der Zeilenangabe.	*Sagen „knüpfen ursprünglich an einen wirklichen äußeren Anlass an“ und behandeln „seltsame und unerklärbare Naturereignisse […], grausame Geschehnisse aus dem Menschenleben“ (Z. x–y).*

Die zitierte Textstelle wird **buchstabengetreu** wiedergegeben. Dabei muss man auch darauf achten, das Zitat nicht in einen falschen Sinnzusammenhang zu stellen. Das ist ein Gebot der Fairness und der intellektuellen Redlichkeit gegenüber dem Autor bzw. der Autorin.
Um Herkunft und Wortlaut eines Zitats überprüfbar zu machen, gibt man die **Textquelle** präzise an, d. h., man macht bibliografische Angaben. Dabei ist zu unterscheiden, ob man aus einem Buch, einem Zeitschriftenaufsatz oder einem Sammelband mit Beiträgen verschiedener Autoren zitiert. Übrigens: Auch bei Übernahmen aus dem Internet muss die Herkunft eindeutig gekennzeichnet werden.

	Beispiele
Zitat aus einem **Buchtitel:** Name, Vorname: Titel, Verlag, Erscheinungsort(e) und -jahr, Seite	*Wolf, Christa: Kassandra. Erzählung. Luchterhand Verlag, Darmstadt und Neuwied 1983, S. 144*
Zitat aus einem **Sammelband** mit verschiedenen Autoren und einem Herausgeber: Name, Vorname: Titel. In: Name, Vorname (Hg.): Titel. Verlag, Erscheinungsort(e) und -jahr, Seite	*Cramer, Sibylle: Eine unendliche Geschichte des Widerstands. In: Sauer, Klaus (Hg.): Christa Wolf Materialienbuch. Luchterhand Verlag, Darmstadt 1983, S. 135*
Zitat aus einer **Zeitschrift:** Name, Vorname: Titel. In: Name der Zeitschrift, Jahrgang. Jahr, Nr. der Ausgabe, Seite	*Bichsel, Peter: Eigenartige Leute – Leser zum Beispiel. In: Der Deutschunterricht, 40. Jg. 1988, H. 4, S. 5–8*
Zitat aus dem **Internet:** Name, Vorname: Titel. In: URL (Internetadresse)	*Rösch, Heidi: Bibliographie Migrationsliteratur. AutorInnenportraits, Sekundärliteratur, unterrichtspraktisches Material. In: http://www.tu-berlin.de/fb2/fadi/hr/Bibliografie.htm*

4.4 Der Apostroph

Auslassung von Buchstaben in Wörtern kennzeichnet man mit dem **Apostroph**.	*Tu's doch! Wie war's im Kino?* *„Frühling, ja du bist's, ..."*
Wenn Eigennamen, die im Nominativ mit dem s-Laut enden, im Genitiv stehen, setzt man statt des Genitiv-s einen Apostroph. Das gilt für Wörter, die am Ende mit -s, -ss, -ß, -tz, -z, -x oder -ce geschrieben werden.	*Heinz' Geburtstag,* *Thomas' Tasse,* *Fritz' Skateboard*
Ist der Genitiv durch einen beigefügten Artikel, ein Possessivpronomen oder Ähnliches erkennbar, entfällt der Apostroph.	*Wir gratulieren zum Jubiläum unseres Heinz.*
Gelegentlich wird der Apostroph nicht als Auslassungszeichen, sondern zur Verdeutlichung der Grundform eines Eigennamens gebraucht.	*Die Grimm'schen Märchen* *Willi's Würstchenbude*

4.5 Rechtschreibung und Zeichensetzung im Brief

Briefkopf

Jeder Brief trägt rechts oben das Datum, an dem er geschrieben wurde. Meist wird auch der betreffende Ort genannt.
Zwischen Orts- und Datumsangabe steht ein Komma. Achte auch auf den Artikel!

> Westerland, den 15.08.2000
>
> Liebe Nina!
> Wir haben schöne Ferien verbracht.
> Ich hoffe, dir geht es auch gut ...
>
> Mit lieben Grüßen

Anrede

Nach der Anrede in Briefen kann man

ein Ausrufezeichen setzen,	oder ein Komma setzen,
danach schreibt man groß weiter.	danach schreibt man klein weiter.

> Bozen, den 30. August 2000
>
> Lieber Herr Meier,
> leider sind unsere Ferien schon zu Ende.
> Wir danken Ihnen für Ihre guten Reisetipps ...
>
> Mit herzlichen Grüßen
> Ihre Familie Fischer

Bei vertrauten Personen verwendet man die **Anredepronomen** „du" bzw. „ihr"; sie können in allen Formen **klein- oder großgeschrieben** werden *(du/Du, dir/Dir, euch/Euch usw.)*.
Bei Personen, die man nicht duzt, benutzt man das Höflichkeitspronomen „Sie", das in allen Formen **großgeschrieben** wird (*Ihr, Ihnen, Ihre* usw.).

Briefschluss

Den Brief beendest du mit einer Grußformel, die auch in den Schlusssatz einbezogen werden kann.
Die Grußformel und die Unterschrift stehen jeweils in einer eigenen Zeile.
Am Ende setzt man weder Punkt noch Ausrufezeichen.

5 Grammatik – Nachdenken über Sprache

Die **Grammatik** beschreibt unsere Sprache. Normalerweise benutzen Muttersprachler ihre Sprache automatisch regelgerecht. Dabei liegt es an der Sprech- oder Schreibsituation, inwieweit man den Regeln der Grammatik folgen muss oder einen größeren Spielraum hat, um z. B. Dialekt zu verwenden oder Abweichungen kreativ einzusetzen. Kommt es jedoch zu Verstößen gegen grammatische Normen, fällt das anderen Menschen schnell auf, da alle Muttersprachler ein gewisses Grundwissen von der deutschen Sprache besitzen, auch wenn sie die Regeln nicht unbedingt erklären können.
Um Regelungen der Sprache und Erklärungen zu verstehen, ist es gut, über die Sprache mit den vorhandenen Fachbegriffen reden zu können. – Da es viele sprachliche Formen gibt, die nur sehr selten gebraucht werden, beschränkt sich das Orientierungswissen für die Sekundarstufe I auf die wichtigsten und gebräuchlichsten Formen und Funktionen sprachlicher Elemente.

Nachdenken über Sprache ist zum Beispiel dann gefragt,

- wenn einem an der Sprache etwas auffällt;
- wenn es zu Lese- und Verstehensproblemen oder zu Missverständnissen kommt;
- wenn man seine Texte korrigieren und verbessern will;
- wenn man an einem Text etwas besonders gelungen findet;
- wenn man sich über eine Ausdrucksform streiten kann;
- wenn man über Sprache mehr theoretisches Wissen erlangen will;
- wenn man sich eine Rechtschreibregel grammatisch klarmachen will.

Im Nachdenken über Sprache kann man auch ohne Hilfe von Grammatiken zu vielen Einteilungen, Formen, Funktionen und Regeln kommen. In der Schule ist traditionell die lateinische Ordnung und Benennung der grammatischen Elemente in Gebrauch. Über die Funktionen der sprachlichen Mittel in Texten und Situationen des Hörens und Lesens sowie des Sprechens und Schreibens wird man dagegen eher in der deutschen Sprache etwas sagen.

5.1 Wortarten

Wortarten im Überblick

Wortarten

flektierbar
(durch Beugung veränderbar)

deklinierbar
- Nomen (*Gabel, Lamm*)
- Artikel (*eine, das*)
- Pronomen (*ich, unser*)
- Adjektiv (*schnell, gut*)
- Numerale (*Zahlwörter: zwei, vierter*)

konjugierbar
- Verb (*essen, üben*)

nicht flektierbar
- Adverb (*morgen, stets*)
- Präposition (*auf, nach*)
- Konjunktion (*und, weil*)
- Interjektion (*ach, oh*)

Nomen

(Substantive, Hauptwörter/das Nomen, Pl. die Nomen)

Die meisten Wörter in unserer Sprache sind Nomen. Sie bezeichnen

- Personen und Eigennamen: *Mitschüler, Lehrerin, Jan*
- andere Lebewesen: *Delphin, Baum*
- Gegenstände: *Schreibtisch, Kassettenrekorder*
- gedachte oder vorgestellte Dinge – Begriffe: *Traum, Freundschaft, Schönheit*

Nomen werden immer ▶großgeschrieben. ▶ S. 60–63

Flexion der Nomen

Genus

Jedes Nomen hat ein **Genus** (grammatisches Geschlecht/das Genus, Pl. die Genera), das man an seinem Artikel (Begleiter) erkennen kann: Ein Nomen ist entweder

- ein **Maskulinum** (männliches Nomen), z. B.: *der Löffel,* oder
- ein **Femininum** (weibliches Nomen), z. B.: *die Gabel,* oder
- ein **Neutrum** (sächliches Nomen), z. B.: *das Messer.*

Das grammatische Geschlecht muss mit dem natürlichen Geschlecht nicht übereinstimmen; so kann *das Kind* sowohl einen Jungen als auch ein Mädchen bezeichnen.

Numerus

Nomen haben einen **Numerus** (Anzahl/der Numerus, Pl. die Numeri). Sie stehen im

- **Singular** (Einzahl): *das Kind;* oder im
- **Plural** (Mehrzahl): *die Kinder.*

Kasus

In Sätzen erscheinen Nomen immer in einem bestimmten **Kasus** (grammatischer Fall/der Kasus, Pl. die Kasus). Der Kasus ist meist am Artikel des Nomens zu erkennen und manchmal auch an der Endung des Nomens. Im Deutschen gibt es vier Kasus. Man kann den Kasus eines Nomens und seines Begleiters durch Fragen ermitteln:

- Der **Nominativ** antwortet auf die Fragen „Wer …?“ oder „Was …?“: „*Wer* rettete den Jungen? – *Die Feuerwehrleute* retteten den Jungen.“ – „*Was* hat zuerst nicht funktioniert? – *Eine Drehleiter …*“
- Nach dem **Genitiv** fragt man „Wessen … ?“: „*Wessen* Drehleiter funktionierte nicht? – Die Drehleiter *der Feuerwehrleute …*“
- Mit der Frage „Wem … ?“ ermittelt man den **Dativ**: „*Wem* dankten die Eltern für die Rettung? – Die Eltern dankten *den Feuerwehrleuten …*“
- Den **Akkusativ** erhält man auf die Fragen „Wen …?“ oder „Was …?“: „*Wen* haben die Anwohner benachrichtigt? – Die Anwohner haben *die Feuerwehrleute …*“ – „*Was* haben die Feuerwehrleute repariert? – Die Feuerwehrleute haben *die Drehleiter …*“

Wenn man ein Nomen und seinen Artikel in einen Kasus setzt, nennt man das **deklinieren** (beugen).

Kasus	**Singular/Plural**
1. Fall Nominativ „Wer?“ oder „Was?“	*der Löffel/die Löffel* *die Gabel/die Gabeln* *das Messer/die Messer*
2. Fall Genitiv „Wessen?“	*des Löffels/der Löffel* *der Gabel/der Gabeln* *des Messers/der Messer*
3. Fall Dativ „Wem?“	*dem Löffel/den Löffeln* *der Gabel/den Gabeln* *dem Messer/den Messern*
4. Fall Akkusativ „Wen?“ oder „Was?“	*den Löffel/die Löffel* *die Gabel/die Gabeln* *das Messer/die Messer*

Artikel

(Begleiter der Nomen/der Artikel, Pl. die Artikel)
Man unterscheidet den **bestimmten Artikel** (*der* Mann, *die* Frau, *das* Kind) und den **unbestimmten Artikel** (*ein* Freund, *eine* Freundin). Artikel stehen in demselben Kasus wie die Nomen, die sie begleiten: *den Kindern* (Dativ Plural).

Adjektive

(Eigenschaftswörter/das Adjektiv, Pl. die Adjektive)
Adjektive dienen dazu, Personen, Dinge usw. genauer zu beschreiben.
Adjektive lassen sich wie Nomen flektieren (beugen): „ein neu*es* Bett – eine neu*e* Lampe".
Adjektive lassen sich – bis auf Ausnahmen wie *einzig* oder *tot* – steigern:

- Man benutzt für den Normalfall die Grundform des Adjektivs, den **Positiv**, z. B. *alt*.
- Will man zwei Dinge oder Personen miteinander vergleichen, so braucht man den **Komparativ** des Adjektivs: „Melanie ist *älter* als Anne."
- Bei Vergleichen zwischen mehreren Dingen oder Personen kann man mit dem **Superlativ** noch weiter steigern: „Von den drei Schwestern ist Maria *am ältesten*. Sie ist *die älteste*."

Steht ein Adjektiv als **Attribut** vor einem Nomen, stimmt es mit ihm in Kasus, Genus und Numerus überein: „der *spannende* Film". Als **adverbiale Bestimmungen** können Adjektive zwar gesteigert werden, bleiben ansonsten aber endungslos: „Der Reporter berichtet *spannend*."

Pronomen

(Stellvertreter/das Pronomen, Pl. die Pronomen)
Pronomen werden dekliniert: „*manches* Kind – *manche* Kinder"
Pronomen können als **Begleiter** der Nomen gebraucht werden: „*Manche* Frauen mögen Skat spielen."
Pronomen können als **Stellvertreter** an Stelle eines Nomens oder einer Wortgruppe mit Nomen gebraucht werden: „*Die Frauen* spielen Karten. *Sie* sitzen im Wohnzimmer."
Pronomen stellen **Verknüpfungen** in Texten her:

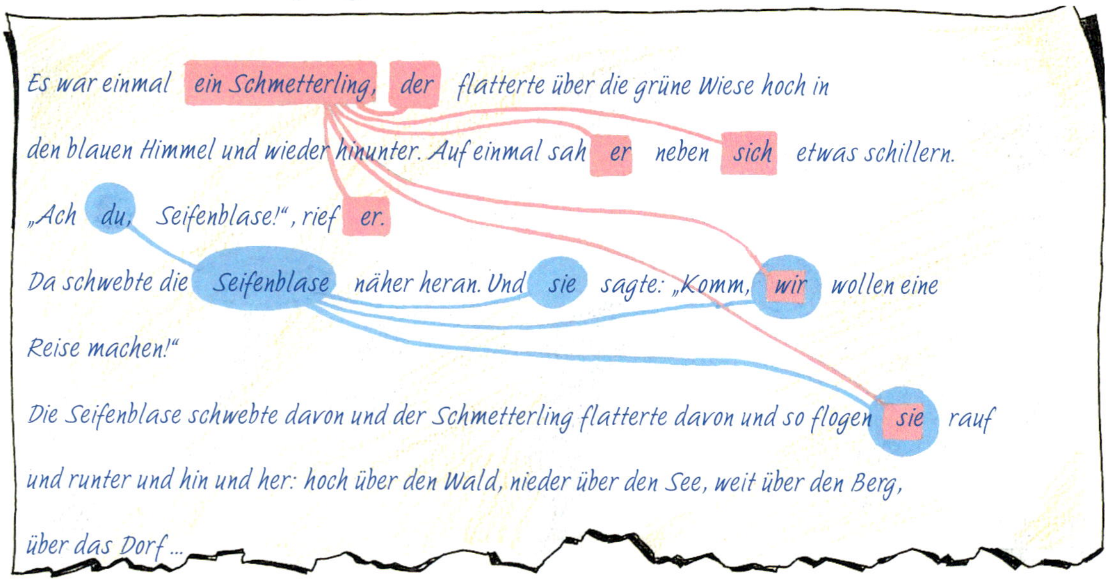

Es gibt verschiedene Arten von Pronomen:

- **Personalpronomen** (persönliche Pronomen): *ich, du, er/sie/es, wir, ihr, sie*
- **Possessivpronomen** (besitzanzeigende Pronomen): *mein, dein, sein, unser, euer, ihr* usw.
- **Reflexivpronomen** (rückbezügliche Pronomen): *sich, mich*; sie beziehen sich meist auf das Subjekt des Satzes, z. B.: „Sie beeilt *sich*."
- **Demonstrativpronomen** (hinweisende Pronomen): *dieses, jene*; mit ihnen kann man auf etwas zeigen und hinweisen.
- **Indefinitpronomen** (unbestimmte Pronomen): *etwas, einige, manche*; mit ihnen macht man ungefähre Mengenangaben.
- **Interrogativpronomen** (Fragepronomen): *wer, was, welche/r*; sie leiten Frage- und Ausrufesätze ein.
- **Relativpronomen**: *der, die, das/welcher, welche, welches*; sie leiten Nebensätze (Relativsätze) ein und beziehen sich auf ein Nomen oder Pronomen zurück: „Das Haus, *das* am Kanal lag, wurde verkauft. – Das Haus, *welches* ..."

Bei der Verwendung von Pronomen muss man besonders darauf achten, dass immer deutlich ist, worauf sich das Pronomen **bezieht**. Sonst kann es zu Missverständnissen kommen wie in den Sätzen: „Die Zoobesucher freuten sich über die Affen. *Sie* lausten sich gegenseitig."

Unterscheide:

„Er ärgert *sich*."	„Er ärgert *mich*."
dieselbe Person: Reflexivpronomen	verschiedene Personen: Personalpronomen

Verben

(Tätigkeitswörter/das Verb, Pl. die Verben)
Verben geben an, was ist, was geschieht oder was jemand tut, z. B. *haben, regnen, gehen*.
Wenn wir Verben in Sätzen verwenden, bilden wir aus dem **Infinitiv** (Grundform) des Verbs meistens die **Personalform**, z. B.: *gehen → er geht.*
Setzt man Verben in die verschiedenen Personalformen, nennt man dies **konjugieren** (beugen).
Weitere infinite Formen des Verbs sind das **Partizip I**, z. B. *gehend*, und das **Partizip II**, z. B. *gegangen*.

Die Befehlsform des Verbs ist der **Imperativ**. Er kann an Einzelne oder an mehrere Personen gerichtet sein: *„Geh(e)!" – „Geht!"*
Achtung, den richtigen Imperativ nutzen: *geben → gib, sehen → sieh, essen → iss ...*

Hilfsverben (*haben, sein, werden*) und **Modalverben** (*wollen, sollen, können, müssen, dürfen, mögen*) treten vorwiegend in Verbindung mit Vollverben (z. B. *springen, rufen, schreiben*) auf: „Sie *hat* gerufen. Wir *können* jetzt schreiben."

Tempus der Verben

Verben lassen sich in verschiedene **Tempora** (Zeitformen/das Tempus, Pl. die Tempora) setzen: Präsens, Perfekt, Futur ... Die Tempora sagen uns, *wann* das im Satz Mitgeteilte passiert. Sie stimmen meistens mit den Zeitstufen – Gegenwart, Vergangenheit, Zukunft – überein.

- Mit dem **Präsens** können wir ausdrücken, dass etwas in der Gegenwart geschieht: „Ich *lese* gerade." Im Präsens stehen aber auch solche Aussagen, die immer gelten, z. B.: „Ferien *machen* Spaß."
- Mit dem **Futur** können wir auf Zukünftiges verweisen: „Ich *werde* ans Meer *fahren*." Häufig benutzen wir Zeitangaben, um die Zukunft anzuzeigen, die Verbform kann dann im Präsens bleiben, z. B.: „*Morgen fahre* ich ans Meer."
- Ein selten gebrauchtes Tempus ist das **Futur II**. Man verwendet es, wenn man ausdrücken will, dass etwas in Zukunft abgeschlossen sein wird: „Bis heute Abend *werde* ich die Hausaufgaben *erledigt haben*."
- Mit dem **Perfekt** wird meistens in mündlichen Erzählungen Vergangenes ausgedrückt: „ich *habe gesehen*" – „ich *bin gegangen*". Das Perfekt verdeutlicht, dass etwas abgeschlossen ist.
- Das **Präteritum** wird bei schriftlichen Erzählungen und Berichten für die Wiedergabe des Vergangenen genutzt: „ich *ging*", „ich *sah*".
- In beiden Fällen wird das **Plusquamperfekt** für den Ausdruck der Vorzeitigkeit verwendet: „Nachdem ich alles *erfahren hatte*, bin ich fortgegangen." – „Wir *waren* gerade *eingeschlafen*, als das Gewitter losbrach." Es handelt sich dabei um eine Zeitform, die nur in Beziehung zu einem anderen Tempus gebraucht wird. Sie ist daher hauptsächlich in Satzgefügen (Haupt- und Nebensatz) zu finden. Das Plusquamperfekt wird gebildet aus der Personalform der Hilfsverben „haben" oder „sein" im Präteritum (*ich hatte/wir waren*) und dem Partizip Perfekt des Vollverbs (*gegessen/eingeschlafen*).

Je nachdem, wie das Präteritum und das Partizip II gebildet werden, unterscheidet man schwache, starke und unregelmäßige Verben:

	Infinitiv	**Präteritum**	**Partizip II**
schwache Verben Der *Stammvokal* ändert sich nicht; es wird durch **-te** oder **-t** konjugiert.	*wandern* *reden* *spielen*	*wanderte* *redete* *spielte*	*gewandert* *geredet* *gespielt*
starke Verben Der *Stammvokal* ändert sich beim Konjugieren; Partizip auf **-en**.	*helfen* *binden* *reiten*	*half* *band* *ritt*	*geholfen* *gebunden* *geritten*
unregelmäßige Verben Der *Stammvokal* ändert sich; Endung aber wie bei schwachen Verben: **-te/-t**.	*bringen* *denken* *mögen*	*brachte* *dachte* *mochte*	*gebracht* *gedacht* *gemocht*

	Bestandteile der zusammengesetzten Tempusformen	**Beispiele**
Präsens		ich *lese*, du *liest* …
Futur	Präsens von *werden* + Infinitiv	ich *werde lesen*, du *wirst lesen* …
Futur II	Präsens von *werden* + Partizip II + Infinitiv von *haben/sein*	ich *werde gelesen haben*, du *wirst gelesen haben* …
Präteritum		ich *las*, du *lasest* …
Perfekt	Präsens von *haben/sein* + Partizip II	ich *habe gelesen*, du *hast gelesen* …
Plusquamperfekt	Präteritum von *haben/sein* + Partizip II	ich *hatte gelesen*, du *hattest gelesen* …

Tempora beim Erzählen

Perfekt
(1) Der Doktor sagte: „Das *hat* euch ein guter Geist *geraten.*“
(2) Sicher *habt* ihr *verstanden,* was der Diener damit seinem Herrn *hat sagen wollen.*

Er lässt eine Figur zu Wort kommen (Figurenrede) (1) oder stellt einen direkten Bezug zum Leser her (2).

Präteritum
So *kam* einmal der Herr verdrießlich nach Hause und *setzte* sich zum Mittagessen.

Hauptperspektive des Erzählers: Er berichtet, schildert, beschreibt.

Präsens
(1) In dem Augenblick *lässt* sich das entsetzliche Geräusch wieder hören.
(2) Man *weiß* doch, wie schwer es *ist*, mit manchen Menschen auszukommen.

Er vergegenwärtigt und steigert damit die Spannung (1). Er verweist auf etwas Allgemeingültiges (2).

Plusquamperfekt
Kaum *hatte* der Graf das Gespenst *bemerkt,* als er auch schon seinen Degen zog.

Er verweist von der Hauptperspektive (Präteritum) aus auf einen zurückliegenden Vorgang, meist in einem Satzgefüge (Haupt- und Nebensatz).

Futur
(1) Diesen Streich *wird* der Diener gewiss noch seinen Kindern und Enkeln *erzählen.*
(2) Das *wird* wohl jedermanns Eindruck *sein.*
(3) Das *wird* euch unser Freund in aller Ausführlichkeit selbst *erzählen.*

Er macht eine Voraussage (1), vermutet etwas (2) oder kündigt eine Absicht an (3).

Erzähler

Adverb

(Umstandswort/das Adverb, Pl. die Adverbien)
Adverbien machen (in einem Wort!) nähere Angaben zu den Handlungen oder Vorgängen, die mit dem Verb dargestellt werden; sie stehen also „beim Verb" (lat. ad = bei): „Sie schliefen *sofort.*" Oft bezieht sich das Adverb auf die ganze Satzaussage.
Diese Wortart kann man leicht mit dem Adjektiv verwechseln. Das Adverb ist aber im Gegensatz zum Adjektiv (bis auf wenige Ausnahmen) nicht flektierbar: *heute, abends, probeweise, heimwärts, dort.*

Präpositionen

(Verhältniswörter/die Präposition, Pl. die Präpositionen)
Präpositionen sind Wörter wie *in, auf, nach, vor.* Sie drücken oft ein örtliches (*vor* dem Haus) oder zeitliches (*vor* einer Stunde) **Verhältnis** aus. Die Präposition steht vor einem Nomen (mit oder ohne Begleiter) oder einem Pronomen. Sie bestimmt den Kasus des nachfolgenden Worts oder der Wortgruppe: *in das Haus, neben dem Haus, wegen des Hauses.*

Konjunktionen

(Bindewörter/die Konjunktion, Pl. die Konjunktionen)
Konjunktionen sind nicht flektierbare Wörter, die Sätze und Teile von Sätzen miteinander verknüpfen. Man unterscheidet

- **nebenordnende Konjunktionen**, z. B. *und, oder, aber.* Sie verbinden Wörter, Wortgruppen und Sätze, die grammatisch gleichrangig nebeneinanderstehen.
- **unterordnende Konjunktionen**, z. B. *weil, da, obwohl, wenn, als, nachdem, dass.* Sie leiten eine bestimmte Gruppe von Nebensätzen ein. Sie binden diese Nebensätze an einen übergeordneten Teilsatz (Hauptsatz).

Wozu auf die Wortarten achten?

Wortartenwechsel beachten

▶ S. 60–63

Es gibt viele Übergänge zwischen den Wortarten der Nomen, Verben, Adjektive, Pronomen, die man z. B. für die ▶Rechtschreibung im Blick behalten muss:

Verb → Nomen: *schlafen – das Schlafen*	Verb → Adjektiv: *trinken – trinkbar*
Nomen → Verb: *Wasser – wässern*	Nomen → Adjektiv: *Ägypten – ägyptisch*
Adjektiv → Nomen: *schnell – Schnelligkeit*	Adjektiv → Verb: *schön – beschönigen*
Pronomen → Nomen: *ich – das Ich*	Pronomen → Verb: *du – duzen*

▶ S. 85

Hilfreich ist es z. B., auf ▶Ableitungen mit Suffix zu achten:
Nomen: schön → Schön*heit*, dankbar → Dankbar*keit*, eigen → Eigen*tum*, bedienen → Bedien*ung*
Adjektive: Fürsorge → fürsorg*lich*, Furcht → furcht*bar*, Grauen → grauen*haft*, Macht → mächt*ig*

Nominalstil vermeiden

„*Unsere Verständigung* mit den Austauschschülern klappte gut." → „*Wir konnten uns* gut mit den Austauschschülern *verständigen*." *Die Bevorzugung von verbalen Formulierungen* ist zu empfehlen. → Man sollte *möglichst verbal formulieren*.

Das treffende Wort finden, um einen Sachverhalt richtig darzustellen

Mit der **Ersatzprobe** die Wortwahl ausprobieren, bis das treffende Wort gefunden ist:

„Das Foto	hängt	über	dem Wandschrank."
„Das Bild	befindet sich	oberhalb	des Möbelstücks."

Mit dem **Thesaurus** der Textverarbeitung eines PCs oder mit einem **Synonym-Wörterbuch:**

Bild: Abbild, Karikatur, Kopie, Bildnis, Porträt, Gemälde, Stillleben, Aquarell, Ölgemälde, Skizze, Zeichnung, Illustration, Studie, Holzschnitt, Fotografie, Lichtbild, Foto, Darstellung, Abbildung ...

In einem **Wortfeld**, den Wörtern mit verwandter Bedeutung, nach Varianten zu einem Wort suchen:

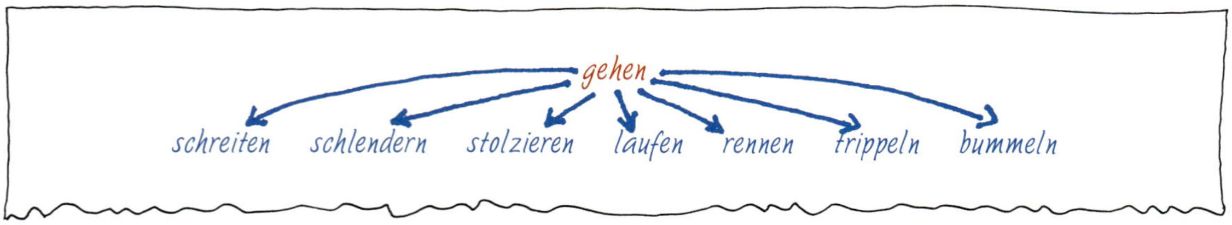

Sich in einer **Wortfamilie**, den Wörtern mit gleichem Wortstamm, umsehen:

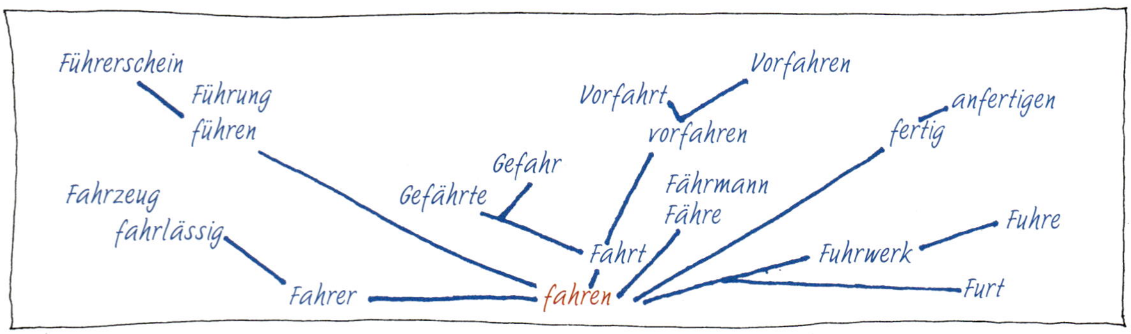

5.2 Wortbildung

Ableitungen

Viele Wörter sind aus verschiedenen Wortbausteinen zusammengesetzt. Der bedeutungstragende Kern heißt **Stamm**. Die angefügten Elemente nennt man **Präfix** (vor dem Stamm) und **Suffix** (nach dem Stamm). Fügt man an einen Stamm Präfixe oder Suffixe an, so nennt man diese Art der Wortbildung **Ableitung**. Dabei kann sich die Wortart ändern:

Präfix	**+ Stamm**	**+ Suffix**	**= abgeleitetes Wort**
	Teil	*-en*	*teilen* (Verb)
Vor-	*Teil*		*Vorteil* (Nomen)
un-	*Teil*	*-bar*	*unteilbar* (Adjektiv)

Zusammensetzungen

Fügt man zwei oder mehr Wortstämme zusammen, so nennt man diese Art der Wortbildung **Zusammensetzung**. Man kann Wörter aus Nomen, aber auch aus Adjektiven und Verben zusammensetzen. Manchmal braucht man ein Fugenelement, um die Wörter zu verbinden:

Wortstamm	**+ Fugenelement**	**+ Wortstamm**	**= zusammengesetztes Wort**
Arm-		*Band*	*Armband*
Schwan-	*en-*	*Hals*	*Schwanenhals*
Geburt-	*s-*	*Tag*	*Geburtstag*
geh-		*Stock*	*Gehstock*
Bild-		*schön*	*bildschön*

Die Teile einer Zusammensetzung nennt man **Grundwort und Bestimmungswort**. Das Grundwort steht immer an letzter Stelle, es enthält den Grundbegriff, der durch das Bestimmungswort näher bestimmt wird:

zusammengesetztes Wort	**= Grundwort**	**+ Bestimmungswort**
Ein *Gartenhaus* ist	ein *Haus,*	das im *Garten* steht.

Wortfamilien

Wörter mit dem gleichen Stamm sind sprachlich verwandt und werden deshalb **Wortfamilie** genannt. Die Wörter einer Wortfamilie können gebildet werden durch

- Ableitungen mit Präfix: finden – *er*finden – *be*finden;
- Ableitungen mit Suffix: brauchen – brauch*bar* – Brauch*tum*;
- Zusammensetzungen: bilden – Bild*hauer* – *Spiegel*bild.

5.3 Aktiv und Passiv der Verben

Zwei Sehrichtungen

Das Aktiv und das Passiv sind zwei Verbformen, die man bei der Darstellung von Handlungen und Vorgängen unterscheidet. Man kann aus zwei Perspektiven schauen:

- Man kann vom „Täter" (Handelnden, Urheber ...) aus sehen: „Uwe und Sonja → *besuchen* Ulrike." (Aktiv)
- Man kann vom „Betroffenen" aus sehen: „Ulrike ← *wird* von Uwe und Sonja *besucht*." (Passiv)

Bei der Darstellung von Handlungen ist immer auch im Blick, *wer* handelt, wer etwas tut.
Bei der Darstellung von Vorgängen steht im Zentrum, *was* da geschieht; die handelnden Personen sind weniger wichtig.

Handlungen

Das, was einer oder eine tut, nennen wir eine **Handlung**: „eine Tür öffnen".
Die handelnde Person nennen wir auch **Handlungsträger**: „Iris".
Kern der Handlung ist ein **Handlungsverb**: „öffnen".
Es entsteht ein **Handlungssatz**: „Iris öffnet eine Tür."
Handlungsträger im grammatischen Sinne können neben Personen auch andere Lebewesen, Gegenstände usw. sein: „Der Hund öffnet die Tür." – „Der Automat schließt die Tür."
Das Handeln eines Handlungsträgers ist meist auf ein Objekt gerichtet. Ein Handlungssatz besitzt dann Subjekt – Prädikat – Objekt:

„Iris	→	öffnet	→	eine Tür."
Subjekt	→	Prädikat	→	Akkusativobjekt

Solche Sätze, in denen die Handlungsträger als Subjekt des Handlungssatzes erscheinen, stehen im **Aktiv**.
Das Aktiv ist also eine Aussageform, die angibt, *wer* etwas tut.

Vorgänge

Es gibt Darstellungen, bei denen nur der Vorgang wichtig erscheint, so z. B. Gebrauchsanleitungen, Bedienungs- und Arbeitsanleitungen, Rezepte etc. Dabei geht es mehr um den Ablauf als um die Personen, die beteiligt sind:
„Das Kabel *wird* zuerst *gekürzt*."
Im **Passiv** stehen Sätze, in denen mit dem Subjekt des Satzes etwas geschieht:
„Eine Tür *wird geöffnet*."
Die Handlungsträger müssen nicht genannt werden. Man kann allerdings auch in diesem Fall durch eine Präpositionalgruppe ergänzen, wer in dem Vorgang handelt:
„Die Tür wird (*von Iris*) geöffnet."
Das Akkusativobjekt des Aktivsatzes wird bei der Umformung in einen Passivsatz zum Subjekt:

„Ralf legt *das Seil* über die Hand." → „*Das Seil* wird über die Hand gelegt."

Formen und Funktionen von Aktiv und Passiv

	Aktiv	**Passiv**
Beispiel	„Der Schreiner *liefert* die Tür."	„Die Tür *wird geliefert.*"
Formen	Personalform des Verbs (*liefert*)	Personalform des Verbs „werden" (*wird*) + Partizip II des Verbs (*geliefert*)
Funktion	Der Sprecher richtet den Blick auf die handelnden Personen und ihr Tun.	Der Blick wird nur auf den Vorgang gerichtet.

Man kann Aktiv- und Passivformen gleichermaßen in den verschiedenen **Zeitstufen** benutzen:

	Aktiv	**Passiv**
	Handlungsverb („suchen") in der entsprechenden Tempusform	„werden" in der entsprechenden Tempusform + Partizip II des Handlungsverbs („suchen")
Präsens	„Sonja *sucht* das Heft."	„Das Heft *wird* (von Sonja) *gesucht.*"
Futur	„Sonja *wird* das Heft *suchen.*"	„Das Heft *wird* (von Sonja) *gesucht werden.*"
Futur II	„Sonja *wird* das Heft *gesucht haben,* bevor sie ..."	„Das Heft *wird* (von Sonja) *gesucht worden sein,* bevor ..."
Präteritum	„Sonja *suchte* das Heft."	„Das Heft *wurde* (von Sonja) *gesucht.*"
Perfekt	„Sonja *hat* das Heft *gesucht.*"	„Das Heft *ist* (von Sonja) *gesucht worden.*"
Plusquamperfekt	„Sonja *hatte* das Heft *gesucht,* bevor sie ..."	„Das Heft *war* (von Sonja) *gesucht worden,* bevor ..."

Vorgangs- und Zustandspassiv

	Vorgangspassiv	**Zustandspassiv**
Beispiel	„Die Tür *wird geschlossen.*"	„Die Tür *ist geschlossen.*"
Formen	Personalform von „werden" + Partizip II des Handlungsverbs	Personalform von „sein" + Partizip II des Handlungsverbs
Funktion	Ablauf eines Vorgangs	Ergebnis eines Vorgangs

Wozu auf Passiv/Aktiv achten?

Passiv aus Informationsmangel oder als Informationsriegel

Das Passiv zeigt uns an, ob ein Sprecher über die handelnden Personen informiert ist oder ob er vielleicht nur seine Informationen zurückhält.

- Wenn man die Handlungsträger nicht kennt und also nicht nennen kann, verwendet man zumeist Formen des Passivs: „Die Mülleimer *wurden* wieder *versteckt.*“
- Bei der Darstellung eines Vorfalls kann man die beteiligten Personen bewusst nennen oder verschweigen. – Wer die Handlungsträger nicht nennen will, kann aus verschiedenen Gründen zu Formen des Passivs greifen: Man will betroffene Personen oder Opfer schützen oder man will die verantwortlichen Personen oder Täter verschleiern. – Beispiel: „Die Scheibe *wurde* gestern in der 4. Stunde *zerkratzt.*“

Die Passiv-Aktiv-Probe einsetzen

Die Passiv-Aktiv-Probe ist besonders für sorgfältige und kritische Leser/innen nützlich. Denn mit ihr kann man die Passivsätze herausfinden, in denen die Handlungsträger nicht genannt sind. – In solchen Fällen sollte man nach den Gründen suchen, warum dies so ist: Kann oder will der Sprecher oder Schreiber sie nicht nennen?

Passivsatz		Umwandlung in einen Aktivsatz
„Die Schülerin Claudia Seifert wurde von ihrem Nachbarn Jens Pauli gegen die Glastür gestoßen.“	→	„Der Schüler Jens Pauli stieß seine Nachbarin Claudia Seifert gegen die Glastür.“
„Die Schülerin Claudia Seifert wurde gegen die Glastür gestoßen.“	→	??? (Handlungsträger nicht zu erkennen!)

Mit Passiv-Umschreibungen variieren

Man kann die Passiv-Form mit anderen sprachlichen Mitteln umschreiben, wenn man stilistisch variieren will. So kann man statt „Die Dose *wird* mit einem Hebel *geöffnet*“ auch sagen:

- **man-Form:** „*Man öffnet* die Dose mit einem Hebel.“
- **reflexive Form:** „Die Dose *öffnet sich* durch Hebeldruck.“
- **lassen-Form:** „Die Dose *lässt sich* mit einem Hebel *öffnen*.“
- **Verbform von „sein“ + Adjektiv mit Endung -bar:** „Die Dose *ist* leicht *verschließbar*.“
- **adverbiale Bestimmung:** „*Zum Öffnen* den Hebel am Rand ansetzen.“
- **Imperativ-Form:** „*Öffnen Sie* die Dose mit einem Hebel.“
- **Infinitiv-Form:** „Dose mit einem Hebel *öffnen*.“
- **modaler Infinitiv:** „Die Dose *ist* mit einem Hebel *zu öffnen*.“ (d. h. „… kann geöffnet werden“)
- **Sie-/Du-Aussage-Form:** „*Sie öffnen* die Dose mit einem Hebel.“

Diese Varianten helfen, beim Formulieren die dauernde Wiederholung der werden-Formen in einem Text zu vermeiden. Zum andern sind einige Varianten traditionell mit bestimmten Sorten der **Vorgangsbeschreibung** enger verbunden: Infinitiv besonders bei technischen Kurzanleitungen; Infinitiv und Imperativ oder Sie-/Du-Aussageform vor allem bei Rezepten.

5.4 Modus der Verben

Verben haben einen **Modus** (die Aussageweise; der Modus, Pl. die Modi).

Indikativ und Konjunktiv sind zwei Aussageweisen in Sätzen, die anzeigen, wie wirklich und sicher eine Aussage ist.

- **Indikativ:** Es wird etwas eindeutig festgestellt; was gesagt wird, ist eine reale Aussage: „Schnee *besteht* aus Wasser."
- **Konjunktiv I:** Bei einer Redewiedergabe verbürgt sich der Sprecher nicht für die Richtigkeit des Gehörten oder des Gelesenen; in der **indirekten Rede** macht er mit dem Konjunktiv I deutlich, dass er nur etwas wiedergibt: „Ina sagte, Schnee *bestehe* aus Wasser und Luft."
  Um deutlich zu machen, dass man sich einer Tatsache nicht sicher ist, kann man neben dem Konjunktiv I auch Zusätze zum Indikativ oder Modalverben oder das Futur verwenden: „*Vielleicht* ist Schnee leichter als Wasser. Eis *soll* leichter als Wasser sein. Eis *wird* schwerer als Schnee sein."
  Der Konjunktiv I wird auch verwendet, um einen Wunsch auszudrücken: „Es *lebe* die Freiheit!" „*Mögest* du an meine Worte denken!"
- **Konjunktiv II:** Bei Vorstellungen, für die offenbleiben soll, ob sie zutreffen, wird Konjunktiv II eingesetzt: „Die Arbeit *wäre* in einer halbe Stunde *erledigt*"; ebenso bei Sachverhalten, die selbst nicht (voll) zutreffen: „Sie *hätte* ihn beinahe *überfahren*"; sowie bei Aussagen, für die nur angenommene Bedingungen gelten: „Wenn sie Geld *hätten*, *brauchten* sie nicht zu warten." Die Aussagen und Bedingungen sind **unwirklich/irreal.**

Formen des Konjunktivs

Formen Konjunktiv I „Sie sagt, …"	**Ersatzform Konjunktiv II**	**Formen Konj. II** „Sie nahm an, …"	**würde-Ersatzform** „Wenn ich könnte, …"
ich komme (wie Indikativ) →	*ich käme*	*ich käme*	(besonders bei ungebräuchlichen Formen:)
du kommest		*du kämest*	
er/sie komme		*er/sie käme*	*hülfe ich* →
wir kommen (wie Indikativ) →	*wir kämen*	*wir kämen*	*würde ich helfen*
ihr kommet		*ihr kämet*	*würbe ich* →
sie kommen (wie Indikativ) →	*sie kämen*	*sie kämen*	*würde ich werben*

Beachte unregelmäßige Formen:

Indikativ Präteritum	**Konjunktiv II**	**Indikativ Präteritum**	**Konjunktiv II**
er/sie/es backte	*er/sie/es büke*	*er/sie/es schwor*	*er/sie/es schwüre*
starb	*stürbe*	*half*	*hülfe*
verdarb	*verdürbe*	*schwamm*	*schwömme*
warb	*würbe*	*empfahl*	*empföhle*

Die Politikerin sagte: „Ich denke nicht an eine Beschwerde."

↓

Die Politikerin sagte, sie denke nicht an eine Beschwerde.

wörtliche Rede im **Indikativ**

Redewiedergabe

indirekte Rede im **Konjunktiv I**

Der **Konjunktiv I** „denke" ist abgeleitet vom Infinitiv des Verbs „denken"; dabei wird an den Wortstamm „denk-" ein -e- als Zeichen für den Konjunktiv I eingefügt: *er denk-e, du denk-e-st, ihr denk-e-t.*

Wenn Konjunktiv I (im Textzusammenhang) nicht vom Indikativ Präsens zu unterscheiden ist, wählt man als Ersatz **Konjunktiv II**:

Sie ergänzte: „Auch meine Kollegen denken nicht an weitere Maßnahmen."

↓

Sie ergänzte, auch ihre Kollegen ~~denken~~ dächten nicht an weitere Maßnahmen.

Der **Konjunktiv II** „dächten" ist abgeleitet vom Präteritum Indikativ „sie dachten" (bei starken und unregelmäßigen Verben wird a, o, u zum Umlaut ä, ö, ü).

Wenn der Konjunktiv II (im Textzusammenhang) nicht vom Indikativ zu unterscheiden ist, wählt man die **Ersatzform „würde"**:

Der Reporter notiert: Sie sagte, sie mache kein Aufheben davon.
Sie sagte, ihre Kollegen ~~machen~~ kein Aufheben davon. (Konjunktiv I geht nicht!)
Sie sagte, ihre Kollegen ~~machten~~ kein Aufheben davon. (Konjunktiv II als Ersatz geht nicht!)

↓

Sie sagte, ihre Kollegen würden kein Aufheben davon machen.

Die Ersatzform mit „würde" wählt man auch, wenn die Konjunktiv-II-Form ungebräuchlich ist oder als unschön empfunden wird.

Konjunktiv in der Redewiedergabe

In der Berichterstattung der Medien, in der Zeitung, den Nachrichten und Reportagen in Hörfunk und Fernsehen usw. begegnen uns Textteile, die nicht vom Berichterstatter selbst stammen; vielmehr gibt der Text zum Teil Aussagen anderer Sprecher wieder. Auch in Alltagsgesprächen oder politischen Reden werden manchmal Äußerungen anderer Sprecher wiedergegeben.
Wenn man die Darstellung von Ereignissen aus der Sicht anderer wiedergibt oder gar deren Meinungen und Wertungen zitiert, dann will man das auch deutlich machen. Dafür gibt es verschiedene Möglichkeiten:

Einfache Aussagen, z. B. eigene Tatsachenfeststellungen oder Meinungsäußerungen, werden im Indikativ verfasst. Zum Beispiel kann eine Politikerin geäußert haben:

Diese Äußerung kann nun in Formen der Redewiedergabe in späteren Medienberichten Eingang finden.

- Die direkte Rede einer anderen Person kann durch die Form der **wörtlichen Rede** wiedergegeben werden:

Die Politikerin sagte: „Der Zeitungsbericht hat sehr übertrieben."

Mit den Verben des Sprechens (*sagen, behaupten* ...) oder der sinnlichen und geistigen Wahrnehmung (*hören, vermuten, hoffen* ...) leitet man die wörtliche Rede ein. Man erkennt sie in schriftlichen Texten an den Anführungszeichen oder im Gespräch an einem Wechsel in der Tonlage.

- Bei der **indirekten Rede** baut man die Aussagen oder Gedanken einer anderen Person in seinen eigenen Text ein. Dabei macht man deutlich, dass die Äußerung nicht von einem selbst stammt. In einem einleitenden Hauptsatz wird gesagt, wessen Äußerung wiedergegeben wird: „Die Politikerin sagte ..." Die Wiedergabe der Äußerung erfolgt dann in einem Inhaltssatz:
  - entweder in einem **dass-Satz**:

Die Politikerin sagte, dass der Zeitungsbericht sehr übertrieben hat.

  - oder einem uneingeleiteten Nebensatz im **Konjunktiv:**

Die Politikerin sagte, der Zeitungsbericht habe sehr übertrieben.

Mit sprachlichen Signalen in der indirekten Rede macht der Sprecher deutlich, dass eine andere Person die wiedergegebene Äußerung gemacht hat, z. B. mit dem „dass"-Signal oder/und mit dem „Konjunktiv"-Signal.
Es genügt ein Signal, aber der dass-Satz kann zusätzlich im Konjunktiv stehen.

- Bei einem ▶**Zitat** wird ein Teil der fremden Äußerung mit Anführungszeichen in den eigenen Satz eingebaut. Der zitierte Teil muss dabei mit dem Originalsatz übereinstimmen: ▶ S. 74

Die Politikerin hielt den Zeitungsbericht für „sehr übertrieben".

- In der **Paraphrase** fremder Rede, d. h. der freien, nicht wörtlichen Wiedergabe einer fremden Äußerung, macht man durch einen Zusatz wie „nach ihrer Meinung, nach seiner Auffassung, ..." die Redewiedergabe deutlich:

Im Gespräch äußerte die Politikerin unmissverständlich, dass die ihrer Meinung nach starken Übertreibungen in der Presse nur durch das Sommerloch zu erklären seien.

Tempusfolge in der indirekten Rede

Der Gebrauch des Tempus in einem Gliedsatz mit indirekter Rede ist nur abhängig davon, ob das Gesagte vorzeitig, gleichzeitig oder nachzeitig ist. Der übergeordnete Satz kann in einem beliebigen Tempus stehen.

	Vorzeitigkeit	**Gleichzeitigkeit**	**Nachzeitigkeit**
Die Politikerin sagt, ... (sagte, hat gesagt, wird sagen ...)	... vorher *habe* sie Wut *empfunden.*	... jetzt *empfinde* sie Erleichterung.	... später *werde* sie Heiterkeit *empfinden.*
	Konjunktiv I Perfekt	**Konjunktiv I Präsens**	**Konjunktiv I Futur**

Konjunktiv II (Irrealis) zur Kennzeichnung von Unwirklichem, Möglichem, Zweifelhaftem ...

Den Konjunktiv II kann man auch benutzen, um eine Aussage als **unwirklich** (irreal) zu kennzeichnen.

Nur Vorgestelltes kommt in Fantasien, Träumen und Utopien häufig vor: „Es war, als *hätt'* der Himmel die Erde still *geküsst* ...“ – „Wir spielen: Ich *wäre* jetzt Polizist, und du *müsstest* ...“ – „*Gäbe* es den dreizehnten Monat, ...“

Ähnlich in **Konditionalsatzgefügen** mit Bedingungen, deren Erfüllung sehr unwahrscheinlich ist: „Wenn ich Millionär *wär, würde* ich ...“ – „*Wäre* ich eine Stadt, *spielten* auf meinen Straßen Kinder.“

Außerdem lässt sich mit dem Konjunktiv II ein **Wunsch** ausdrücken: „Ich *wollte*, morgen *wäre* hitzefrei!“

Ein **unerfüllbarer Wunsch** im Konjunktiv II: „*Hätte* ich das bloß nicht gesagt!“

Eine **höfliche Aufforderung**: „*Würden* Sie bitte Platz machen.“

Ein **Zweifel:** „*Hättest* du das auch so getan?“

Wozu auf den Konjunktiv achten?

➽ Konjunktiv als Signal für wiedergegebene Äußerungen Dritter

Konjunktiv I kommt häufiger in schriftlichen als in mündlichen Texten vor. Mündlich erscheint er vor allem in Medienberichten. An ihm kann man erkennen, dass der Sprecher oder Schreiber einen Satz aus fremder Rede übernimmt.

Konjunktiv ist immer dann nötig, wenn die Redewiedergabe nicht durch andere Signale („*dass*“, „*so heißt es*“ ...) angezeigt wird.

➽ Konjunktiv II als Signal für Unwirkliches, nur Vorgestelltes

Der Konjunktiv II ist im eigenen Sprachgebrauch häufiger. Er wird benutzt, wenn wir anzeigen wollen, dass wir uns etwas nur vorstellen, was es noch nicht oder auch überhaupt nicht gibt.

Modalverben

Mit Modalverben fügt man den Vollverben einen bestimmten Aspekt hinzu: Man sagt zusätzlich, ob man z. B. etwas „darf" oder „muss": „Angler/innen *müssen* Vorschriften *beachten*."

Funktionen der Modalverben

können	*sollen*	*müssen*	*dürfen*	*wollen*	*mögen*
Möglichkeit Fähigkeit	Regelung Auflage	Gebot Zwang	Erlaubnis Möglichkeit	Absicht Bereitschaft	Wunsch Möglichkeit

Die Modalverben kommen vor allem in folgenden Textsorten vor:
- **Anweisungen** und **Vorschriften**: „Besucher *sollen* auf Parkplatz C parken."
- **Gesetze, Gebote** und **Verbote**: „Fahrzeuge *müssen* die Fahrbahnen benutzen."
- **Regeln** und **Regelungen**: „Benutzer der Bibliothek *müssen* ihre Taschen hier ablegen."
- **Erlaubnisse**: „Gäste *dürfen* auch hier parken." – „Sie *können* nebenan parken."
- **Empfehlungen, Ratschläge** und **Tipps** (oft mit Konjunktiv verbunden): „Sie *sollten* das Obst schälen."
- **Petitionen**: „Wir *wollen* gleiches Recht für alle." – „Wir *möchten* Sie bitten …"

Wozu auf Modalverben achten?

➜ Mit Modalverben zeigt man an, wie eine Äußerung verstanden werden soll.
Man vermittelt seinen Hörern oder Lesern, ob etwas als Möglichkeit (*können*), als Erlaubnis (*dürfen*), als Forderung (*sollen*) oder als Verpflichtung (*müssen*) gelten soll.
Außerdem kann man mit Modalverben die **Wahrscheinlichkeit** einer Information anzeigen: „Die Entführten *sollen* freigekommen sein."

5.5 Satzglieder

Der einfache Satz – SPO (Subjekt – Prädikat – Objekt)

Ein Satz setzt sich aus verschiedenen **Satzgliedern** zusammen. Ob ein einzelnes Wort oder eine ganze Wortgruppe ein Satzglied bildet, erkennt man daran, dass man Satzglieder innerhalb eines Satzes umstellen kann, ohne den Sinn des Satzes zu verändern. (Es ändert sich allerdings die Betonung.) Die Normalstellung **S**ubjekt – **P**rädikat – **O**bjekt wird verändert.

Umstellprobe:

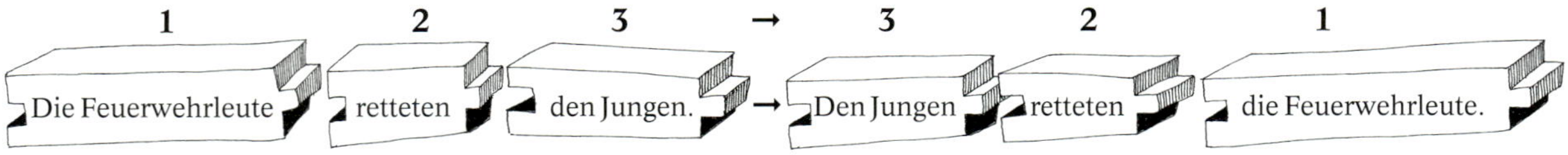

Der Kern des Satzes ist das **Prädikat** (Satzaussage/das Prädikat, Pl. die Prädikate). Prädikate werden durch Verben gebildet. Es gibt einteilige Prädikate (z. B. „Sie *retteten* ihn.") und zweiteilige Prädikate: „Sie *haben* ihn *gerettet.*" Der Teil des Prädikats, der im Aussagesatz nach dem ersten Satzglied steht, ist die Personalform des Verbs: „Sie *haben* ihn gerettet."
Prädikatsklammer: „Die Feuerwehrleute *haben* sofort die Leiter *ausgefahren*."

Fragenprobe:
Um die weiteren Satzglieder im Aussagesatz zu bestimmen, stellen wir vom Prädikat ausgehend Fragen. Die erste Frage lautet: „Wer ...?" oder „Was ...?", die Antwort darauf ist das **Subjekt** (Satzgegenstand oder Handlungsträger/das Subjekt, Pl. die Subjekte), die wichtigste Ergänzung zum Prädikat: „*Wer* hat ihn gerettet? – *Sie* haben ihn gerettet."
Subjekt und Prädikat sind eng miteinander verbunden. Sie stimmen in der Person (1., 2. oder 3. Person) und im Numerus (Singular oder Plural) überein:
„*Ein Junge sitzt* auf dem Dach."

„*Viele Jungen schauen* nach oben."

- Mit „Wen ...?" oder „Was ...?" erfragen wir das **Akkusativobjekt:** „*Wen* haben sie gerettet? – Sie haben *ihn* gerettet."
- Mit „Wem ...?" fragen wir nach dem **Dativobjekt:** „*Wem* wurde die Auszeichnung überreicht? – *Den Feuerwehrmännern ...*"
- Mit „Über was ...?", „Auf was ...?", „Für was ...?" usw. fragt man nach dem **Präpositionalobjekt:** „*An was* erinnerten sie sich? – Sie erinnerten sich *an die Musik*."
- Das **Genitivobjekt** wird nur noch selten gebraucht. Wir erfragen es mit „Wessen ...?": „*Wessen* erinnerte er sich? – Er erinnerte sich *des Vorfalls*."

Adverbiale Bestimmungen

Adverbiale Bestimmungen (Umstandsbestimmungen, auch Adverbialien genannt, Sg. das Adverbiale) sind Satzglieder, die man mit den Fragen „Wann …?“, „Warum …?“, „Wie …?“ ermittelt. Sie geben die näheren Umstände eines Geschehens oder einer Handlung an. Man unterscheidet

- **adverbiale Bestimmungen der Zeit:** „Wann treffen wir uns? – Wir treffen uns *am Montag*.“
- **adverbiale Bestimmungen des Ortes:** „Wo …? – Wir sehen uns *in der Schule*.“
- **adverbiale Bestimmungen des Grundes:** „Warum …? – *Wegen des Regens* kamen wir nicht nach Hause.“
- **adverbiale Bestimmungen der Art und Weise:** „Wie …? – Er folgte uns *neugierig*.“

Adverbiale Bestimmungen können gebildet sein aus

- einem Adjektiv: „Er lief *schnell* weg.“
- einem Adverb: „Wir führen *morgens* unseren Hund aus.“
- einer Nominalgruppe mit Präposition: „Wir sehen uns *am Abend*.“

Attribute

(Beifügungen/das Attribut, Pl. die Attribute)
Attribute sind immer **Teil eines Satzglieds**, also keine selbstständigen Satzglieder. Diese Satzteile stehen vor oder hinter ihren **Bezugswörtern** (z. B. Nomen) und bestimmen sie näher. Sie bleiben bei der Umstellprobe fest mit dem Bezugswort verbunden:

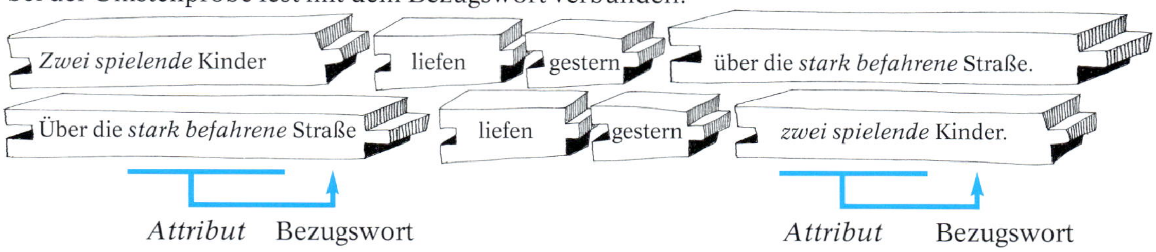

Frageprobe für Attribute: Attribute können wir mit der Frage „Was für (ein/e) …?“ erfragen: „Das alte Haus wurde gestrichen. – Was für ein Haus? – Das *alte* Haus …“
Ergänzungsprobe für Attribute: Wo ein Nomen unklar bestimmt ist, wird ein Attribut beigefügt: „Das Haus wurde verkauft. Was für ein Haus? Das Haus *unserer Nachbarn* wurde verkauft.“

Als Attribute kommen u. a. vor:

- Adjektive („*neue* Bücher“) und adjektivisch gebrauchte Partizipien („*spielende* Kinder“): **Adjektivattribut**
- Nomen im Genitiv („die Abfahrt *des Zuges*“): **Genitivattribut**
- Nomen mit Präposition („das Spiel *ohne Grenzen*“)
- Adverbien („die Häuser *dort*“)
- Pronomen („*unsere* Schule“)
- Zahlwörter („*drei* Äpfel“)

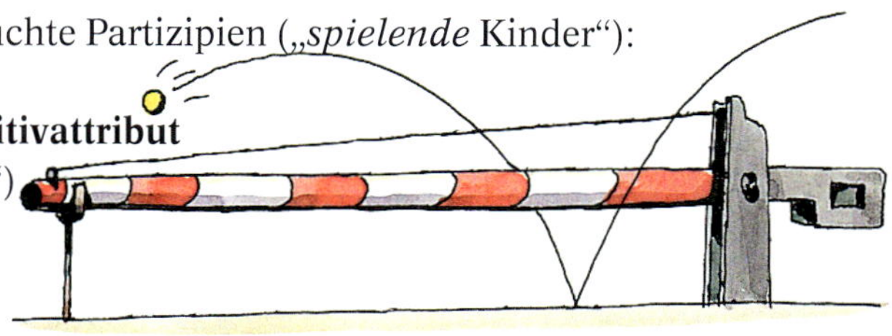

Die **Apposition** ist auch eine Form des Attributs: „Das Nachbarhaus, *ein baufälliges Gebäude*, wurde verkauft.“ Die Apposition ist in ihrem Kern stets ein Nomen („Gebäude“). Sie folgt dem Bezugswort („Nachbarhaus“), steht im gleichen Kasus wie das Bezugswort (hier: Nominativ) und ist durch Komma davor und danach umgrenzt. Beispiel für eine Apposition im Dativ: „Wir sprachen mit einem Fachmann, *dem Architekten Meier*.“

Satzglieder im Überblick

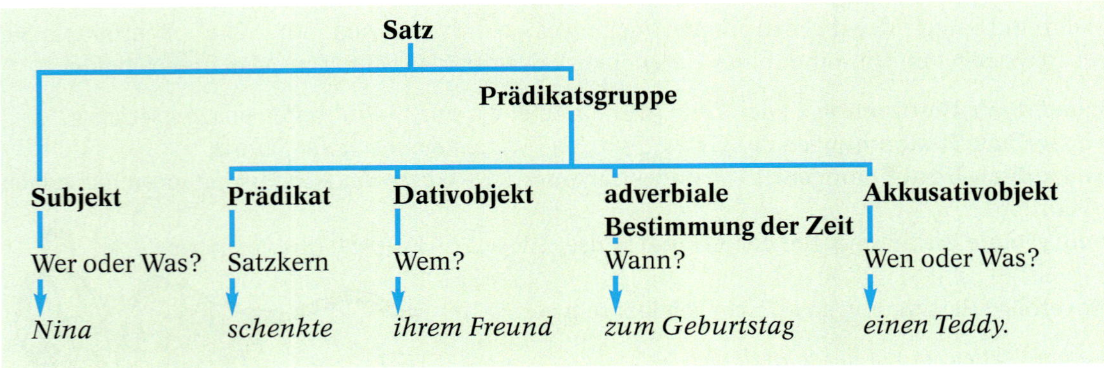

Wozu auf Satzglieder und Satzteile achten?

Bei der Textüberarbeitung „Proben“ nutzen:

Erweiterungsprobe
Mit ihr können wir Sätze sinnvoll um Satzglieder (Objekte/Adverbialien) und Satzteile (Attribute) erweitern, die die Aussage präzisieren; entweder mit Einfügeschleife über der Einfügestelle oder, bei längeren Einfügungen, mit fortlaufenden Fußnotenziffern [1][2][3] am Textende.

Udo freute sich über den Teddy.
Er umarmte seine Nina.

deshalb
→ Er umarmte ✓ seine Nina.

Nina schenkte ihrem Freund einen Teddy.
Deshalb umarmte Udo seine Nina ~~aus Freude über das von Nina erhaltene Geschenk~~.

Weglassprobe
Mit ihr können wir Sätze straffen, indem wir prüfen, welche Satzteile oder Satzglieder in einem vollständigen Satz unbedingt notwendig oder aber überflüssig sind.

Ersatzprobe
Wir können Satzglieder und Satzteile durch andere Wörter oder Wortgruppen ersetzen, um Gleichförmigkeit zu vermeiden.

Udo freute sich über Ninas Teddy.

er sie
Deshalb umarmte ~~Udo~~ ~~seine Nina~~.

Nina schenkte ihrem Freund Udo einen Teddy.
↓
Einen Teddy schenkte Nina ihrem Freund Udo.
↓
6 7 4 5 1 2 3
Einen Teddy schenkte Nina ihrem Freund Udo.

Umstellprobe
Vor allem können wir Satzglieder umstellen und damit die wichtigste Information betonen, indem wir sie an den Satzanfang, also an die Spitze, oder ans Ende stellen, wo der letzte Klang liegt. Diese Umstellungen in Abweichung von der normalen Satzgliedfolge nennt man **Inversion.**
Man kann Umstellungen durch über den Wörtern fortlaufende Ziffern markieren.

5.6 Satzarten – Satzgefüge – Nebensätze

Satzarten

Einfache Satzarten

Wir reden und schreiben in Sätzen. Je nachdem, ob wir etwas aussagen (mitteilen, behaupten), fragen oder jemanden auffordern wollen, verwenden wir einen **Aussage-, Frage-** oder **Aufforderungssatz**. In der gesprochenen Sprache erkennen wir die Satzart an der Stimmführung, in der geschriebenen Sprache an den **Satzschlusszeichen**: Punkt, Frage- und Ausrufezeichen.

„Ich gehe morgen zu ihm."
„Gehst du morgen zu ihm?"
„Geh morgen zu ihm!"

In vielen Situationen verwenden wir aber zum Auffordern auch Frage- oder Aussagesätze, z. B.: „Gibst du mir mal das Buch?" oder „Du könntest endlich aus dem Weg gehen."
Hinter einem Fragesatz verbirgt sich manchmal auch eine Aussage: „Machen wir nicht alle Fehler?"
Wie die Sätze gemeint sind, schließen wir aus dem Tonfall oder aus dem Zusammenhang.

Zusammengesetzte Satzarten

Die **Satzreihe** besteht aus selbstständigen Teilsätzen (Hauptsätzen). Die Teilsätze werden manchmal nur durch Komma voneinander getrennt:

„Das Plakat war fertig, es sollte sofort aufgehängt werden."

Meist werden sie jedoch durch **nebenordnende Konjunktionen** miteinander verbunden:

„Gutenberg war verschuldet, *doch* er arbeitete weiter an seiner Erfindung."

Ein **Satzgefüge** ist zusammengesetzt aus mindestens einem Hauptsatz und mindestens einem Nebensatz, der zumeist mit einer **unterordnenden Konjunktion** eingeleitet wird:

„Es gibt Regen, *wenn* die Bewölkung zunimmt."

Nebensätze können auch mit einem **Relativpronomen** eingeleitet werden:

„Der Regen, *der* seit Stunden fällt, war wegen der Hitzeperiode bitternötig."

Die Teilsätze werden durch ▶**Komma** abgetrennt. ▶ S. 69

Nebensätze in Satzgefügen

Nebensätze sind untergeordnete Teilsätze in einem Satzgefüge. Sie zeichnen sich durch folgende Merkmale aus:

- Die Personalform des Verbs steht am Ende: „Sie gingen, nachdem sie gefrühstückt *hatten.*"
- Zumeist findet sich ein Einleitewort (Konjunktion, Relativpronomen), das den Bezug zum Hauptsatz herstellt: „Sie gingen, *nachdem* sie gefrühstückt hatten."
- Sie können in der Regel (besonders in der Schriftsprache) nicht allein stehen.

Relativsätze

Nebensätze mit Relativpronomen nehmen oft die Stelle eines Attributs ein:

Attribut

„Die *neu erbauten* Häuser wurden vom Erdbeben zerstört."

„Die Häuser, *die neu erbaut worden waren,* ..."

Relativsatz

Relativpronomen sind z. B. *der, die, das* oder *welcher, welche, welches*. Als Einleitewörter für Relativsätze stellen sie den Bezug zu einem Nomen oder Pronomen im Hauptsatz her. Sie dürfen nicht verwechselt werden mit *der, die, das* in der Funktion des Artikels oder Demonstrativpronomens. Probe: Nur das Relativpronomen kann durch *welcher, welche, welches* ersetzt werden:

„Die Häuser, *die* neu erbaut worden waren, ... – Die Häuser, *welche* neu erbaut worden waren, ..."

Gliedsätze

Nebensätze nehmen oft die Rolle eines Satzgliedes ein. Sie heißen dann auch **Gliedsätze**. Sie werden zumeist durch **unterordnende Konjunktionen** eingeleitet und mit dem Hauptsatz verknüpft: *weil, während, obwohl, damit, dass ...*:

adverbiale Bestimmung

„Das Haus wurde *nach dem Ablaufen des Wassers* abgerissen."

„Das Haus wurde abgerissen, *als das Wasser abgelaufen war.*"

Gliedsatz

Stufenmodelle machen deutlich, wo Hauptsatz (HS) und Gliedsatz (GS) im Satzgefüge stehen:

„Das Wasser wird blau, weil Tinte hineinkam."

__HS__,
Konjunktion __GS__.

„Weil Tinte hineinkam, wird das Wasser blau."

__HS__.
Konjunktion __GS__,

„Das Wachs schmilzt, wenn es sehr erhitzt ist, schnell dahin."

HS (Anf.) __, __HS (Forts.)__.
Konjunktion __GS__,

Adverbialsätze

Adverbialsätze sind **Gliedsätze,** die die Stelle einer adverbialen Bestimmung einnehmen:

„*Wegen der Glätte* kam es zu Auffahrunfällen.“ – „*Weil es glatt war*, kam es zu Auffahrunfällen.“

adverbiale Bestimmung (*Wegen der Glätte*) – Adverbialsatz (*Weil es glatt war*)

Adverbialsätze fügen einer Grundinformation Zusatzinformationen hinzu. Es entsteht ein **Satzgefüge** aus **Hauptsatz + Gliedsatz**:

Satzgefüge:	**Hauptsatz**	**+ Gliedsatz**	
Beispiel:	„Das Wasser wird blau,	*weil* ich Tinte hinzugefügt	*habe.*“
Signale:	Komma	Konjunktion	Personalform des Verbs am Satzende

Arten der Adverbialsätze	Frageprobe	Beispiel	Konjunktionen
Temporalsätze geben Zeitverhältnisse an.	Wann …? Seit wann …? Wie lange …?	*Während wir Kanu fuhren,* fing es an zu regnen.	*als, während, nachdem …*
Konditionalsätze geben eine Bedingung an.	Unter welcher Bedingung …? Wann …?	*Wenn das Wasser blau ist,* kann man die Luftbläschen deutlich sehen.	*wenn, falls, sofern …*
Konsekutivsätze geben Folgen oder Wirkungen an.	Mit welcher Folge …? Mit welcher Wirkung …?	Ich füge Tinte hinzu, *sodass das Wasser blau wird.*	*sodass* (auch: *so …, dass …*)
Kausalsätze geben den Grund oder die Ursache an.	Aus welchem Grund …? Aus welcher Ursache …? Warum …?	Die Luftbläschen sind gut zu erkennen, *weil das Wasser blau gefärbt ist.*	*weil, da*
Finalsätze geben eine Absicht oder einen Zweck an.	Mit welcher Absicht …? Zu welchem Zweck …? Wozu …?	Man färbt das Wasser, *damit die Luftbläschen gut zu sehen sind.*	*damit*
Konzessivsätze drücken einen unzureichenden Gegengrund aus.	Trotz welcher Gegengründe …?	Das Wasser färbt sich blau, *obwohl ich nur einen Tropfen Tinte hinzugefügt habe.*	*obwohl, obgleich, wenngleich, wenn … auch*

Inhaltssätze

Inhaltssätze sind Gliedsätze, die den Inhalt dessen angeben, was man weiß, sagt, vermutet, hofft, wünscht; was klar oder unklar ist usw.:

„Judith	weiß, behauptet, beweist,	*dass sich heiße Luft ausdehnt.*“

Inhaltssätze stehen also oft bei Verben des Sprechens sowie der sinnlichen und geistigen Wahrnehmung oder Tätigkeit.

Inhaltssätze sind Gliedsätze, die die Rolle von Subjekt oder Objekt in Sätzen übernehmen können; sie heißen daher auch **Subjektsätze** oder **Objektsätze** und lassen sich wie Subjekt oder Objekt erfragen:

„Ich hoffe, *dass dir das Buch gefällt.*“
„(Wen oder) Was hoffe ich? – …, dass dir das Buch gefällt.“
↓
Objektsatz

„*Dass du mein Buch liest*, gefällt mir.“
„(Wer oder) Was gefällt mir? – …, dass du mein Buch liest.“
↓
Subjektsatz

▶ S. 70 Inhaltssätze können auch als ▶**Infinitivsätze** (satzwertige Infinitive) auftreten:
„Sie hoffte, *das Buch zum Geburtstag zu bekommen*.“
Infinitivsätze müssen in vielen Fällen durch Kommas abgegrenzt werden. Man kann deshalb Fehler vermeiden, wenn man immer ein Komma setzt: „Er rechnete damit**,** *das Buch geliehen zu bekommen.*“

Varianten der Inhaltssätze

- dass-Satz: „Ina sagt, *dass ihr das Buch gefällt.*“
- indirekter Fragesatz: „Ihre Freundin fragt schon, *wann sie es zu lesen bekommt.*“
  „Ina weiß nicht, *ob sie rechtzeitig fertig wird.*“
- Infinitivsatz: „Ihre Freundin ist bereit, *den Termin zu verschieben.*“

Wozu auf die Nebensätze achten?

➽ Mit den Nebensätzen gibt es viele Möglichkeiten, seine Gedanken auszuführen und einzelne **Informationen zu verknüpfen**: Begründungen, Folgen, Zeiträume, Inhalte und andere gedankliche Beziehungen können ausgedrückt werden.

➽ Bei Nebensätzen muss man sich um die **Zeichensetzung und Rechtschreibung** kümmern. Das hartnäckigste Fehlerproblem ist der „dass-Satz":
Die Konjunktion „dass" leitet einen Nebensatz (Gliedsatz) ein. Deshalb wird der dass-Satz durch Komma vom Rest des Satzgefüges abgetrennt:
„Ich vermute, *dass du das Buch schon gelesen hast.*"
Um den dass-Satz zu erkennen, prüft ihr:

- einleitendes Verb des Sprechens oder der sinnlichen und geistigen Wahrnehmung/Tätigkeit? → „vermuten"
- Fragenprobe mit „Wer oder Was …?"/„Wen oder Was …?": „(Wen oder) Was vermute ich? → …, dass du das Buch schon gelesen hast."

Das **Relativpronomen „das"** leitet einen Relativsatz ein, der sich auf ein Bezugswort im Hauptsatz bezieht: „Das Buch, *das du mir geliehen hast,* fand ich langweilig."
Um den das-Satz zu erkennen, prüft ihr:

- Lässt sich das „das" durch „welches" ersetzen? → „*Das* Buch, *welches* du mir geliehen hast, …"
- Gibt es ein Bezugswort im Hauptsatz? → „Das Buch, das du mir geliehen hast, …"
- Fragen-Probe mit der „Was-für-ein …?"-Frage: „Was für ein Buch? – Das Buch, das du mir geliehen hast, …"

➽ Bei Nebensätzen muss man sich vor zu vielen Unterordnungen hüten, sonst entstehen die unübersichtlichen Schachtelsätze. **Schachtelsätze in mehrere Sätze auflösen!**

„Ina ging, als sie das Buch, das auch schon ihr Bruder empfohlen hatte, weil er es in einem Zug verschlingen konnte, gelesen hatte, in die Bücherei, um von derselben Autorin ein zweites Buch zu suchen."
→ „Inas Bruder hatte ihr das Buch empfohlen, weil er es in einem Zug verschlungen hatte. Als sie es nun selbst gelesen hatte, fand sie es auch sehr spannend. So ging sie in die Bücherei, um ein zweites Buch von derselben Autorin zu suchen."

Vor allem ist die „dass-wenn-Kopplung" zu vermeiden, da hierbei meistens Fehler entstehen und der Gedankengang für Leser zu kompliziert wird:

„Ina behauptet, dass, wenn man das Buch nicht gelesen hat, man wirklich etwas verpasst hat."
→ „Ina behauptet, dass man wirklich etwas verpasst hat, wenn man das Buch nicht gelesen hat."

➽ Nebensätze werden besonders ausgiebig beim Schreiben benutzt. Da sollte man kontrollieren, ob die gedankliche Verknüpfung auch **logisch oder zeitlich stimmig** ist:

„Inas Bruder kaufte die CD, weil er den Musiktitel zehnmal gehört hatte."
→ „Inas Bruder kaufte die CD, nachdem er den Musiktitel zehnmal gehört hatte."

5.7 Wort und Bedeutung

Umgang mit Begriffen

Begriffe dienen der Erfassung und Ordnung der Wirklichkeit. Sie stehen zueinander in einem Über- und Unterordnungsverhältnis:

Oberbegriffe dienen als Sammel- und Ordnungsbegriffe, z. B. *Werkzeug – Tier …*

Unterbegriffe verhalten sich zu ihnen wie konkrete Beispiele (*Hammer, Zange – Hund, Katze*).

Man kann Begriffe über ihre einzelnen **Merkmale** (äußere Merkmale, Funktionsmerkmale) gegeneinander abgrenzen, z. B. Möbel zum Sitzen (Funktion) mit Lehne (Merkmal): *Stuhl*, Sitzmöbel ohne Lehne: *Hocker*. Oberbegriffe haben einen größeren **Begriffsumfang**, d. h. weniger spezifizierende Merkmale.

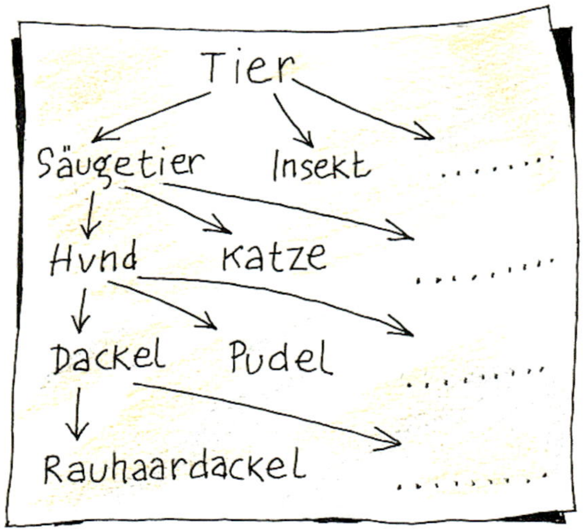

Wenn etwas Neues entdeckt oder erfunden wird, muss man eine **Wortneuschöpfung** (Neologismus) prägen, z. B. *Automobil, Fernseher, Flugzeug, Handy, Ozonloch*. Dabei wird aber oft auf Wörter aus verwandten Wirklichkeitsbereichen zurückgegriffen, z. B. auf die Seemannssprache zur Bezeichnung von Dingen der Luftfahrt (*Luftschiff* usw.).

Mehrdeutigkeit von Wörtern

Wörter mit fast gleicher Bedeutung heißen **Synonyme**: *trödeln – bummeln*.

Eine Gruppe von sinnverwandten Wörtern bildet ein **Wortfeld**: *sagen – sprechen – rufen – meinen – behaupten – kommandieren …*

Gleich lautende Wörter, die aber doppelte oder auch dreifache Bedeutungen haben, nennt man **Homonyme**: *Ball, Absatz …* (Mit solchen „Teekesselchen“ kann man spielen!)

Welche Bedeutung gemeint ist, wird nur im Sinnzusammenhang klar: „Der *Hahn* tropft. – Der *Hahn* kräht. – Der *Hahn* wird gespannt.“

Die im Wörterbuch aufgeführten Inhalte eines Worts sind seine **denotative Bedeutung**: z. B. „*Palmen*: große, überwiegend in den Tropen weltweit verbreitete Familie holziger Blütenpflanzen.“

Die mit dem Wort zugleich erinnerten Erfahrungen, Empfindungen, Assoziationen sind seine Mitbedeutungen oder die **konnotativen Bedeutungen**: „*Palmen* → Insel, weißer Sand, Sommer, Sonne, Ferien, baden …“

Die konnotativen Bedeutungen können allen Sprechern/Sprecherinnen einer Sprache geläufig sein oder auch nur einzelnen Menschen.

Wird ein Sachverhalt oder Vorgang beschönigt, so spricht man von einem **Euphemismus,** z. B.: *entschlafen* für sterben, *freisetzen* für entlassen.
Begriffsbildungen, die in der Absicht, Sachverhalte zu beschönigen oder zu verschleiern, die Würde von Menschen verletzen, werden auch als **„Unwörter"** bezeichnet: *Zecken* für Menschen, *ethnische Säuberung* für Vertreibung.

Bildlicher Sprachgebrauch

Man spricht von einer **übertragenen Bedeutung**, wenn die Bedeutung einer konkreten Sache auf menschliches Verhalten oder auf einen anderen Zusammenhang bezogen wird:
stehen auf … → jemanden/etwas mögen
Nussschale → kleines Boot

Eine **Metapher** bringt zwei Vorstellungen aus zwei verschiedenen Bereichen zusammen:

„Die Fußballmannschaft *blüht* in der zweiten Halbzeit *auf.*"

Überlagerung:
neu, frisch erscheinen

„Eine Blume *blüht auf.*"

Bereich: Sport
Die Spieler erstarken,
sind wieder frisch, voller Kraft,
erscheinen neu,
bringen neue Stimmung.

aufblühen

Bereich: Natur
Die Blumen erblühen,
die Blumen strahlen, frische Farben, Frühling und Sommer,
neue Kraft, saftiges Grün,
positive Gefühle für den Betrachter.

Das Zusammenfügen der zwei Bereiche führt dazu, dass der Eindruck von der Art, wie die Fußballmannschaft in der zweiten Halbzeit spielt, mit vielen **Assoziationen** aufgeladen wird.
Beim metaphorischen Sprechen werden Vorstellungen aus einem Bereich – dem Bereich des Bildspenders – auf einen anderen Bereich – den Bereich des Bildempfängers – übertragen. Durch diese **Übertragung** kommt in den zweiten Bereich eine neue Spannung: „Polster *gab* in der 7. Minute *einen ersten Warnschuss* auf das gegnerische Gehäuse *ab*."

Bildspender:
Polizeisprache
wörtliche Bedeutung: mit der Pistole einen ungezielten Schuss abgeben, der einen gefährlicheren zweiten Schuss ankündigt.

Übertragung
„einen Warnschuss abgeben"

Bildempfänger:
Fußballsprache
übertragene Bedeutung: mit dem Ball einen ersten gefährlichen Schuss leisten, der schon fast ins Tor geht.

Eine besondere Form der Metapher ist die **Personifikation**. Ein Gegenstand oder ein Begriff wird vermenschlicht, z. B.: „Die Industriestadt bürstet ihr Rauchhaar nach oben."
Bei einem **Vergleich** werden zwei verschiedene Vorstellungen durch „wie" miteinander verknüpft, z. B.: „Die Menschen sind wie grober bunter Sand."

5.8 Kommunikation und Sprachfunktionen

Kommunikationsmodell

Für die Abläufe der Kommunikation wurden verschiedene Modelle entwickelt, die jeweils bestimmte Faktoren im Kommunikationsprozess hervorheben: Die Medientheorie beobachtet vor allem den Einsatz der Medien und die Übermittlung der Signale (z. B. sprachliche Zeichen, Texte). Die Psychologie interessiert sich für die Beziehungen zwischen den Teilnehmerinnen und Teilnehmern an einer Kommunikationssituation, für ihre Absichten und Erwartungen. Da es bei Texten um menschliche Kommunikation geht, sind beide Ebenen zusammen zu sehen:

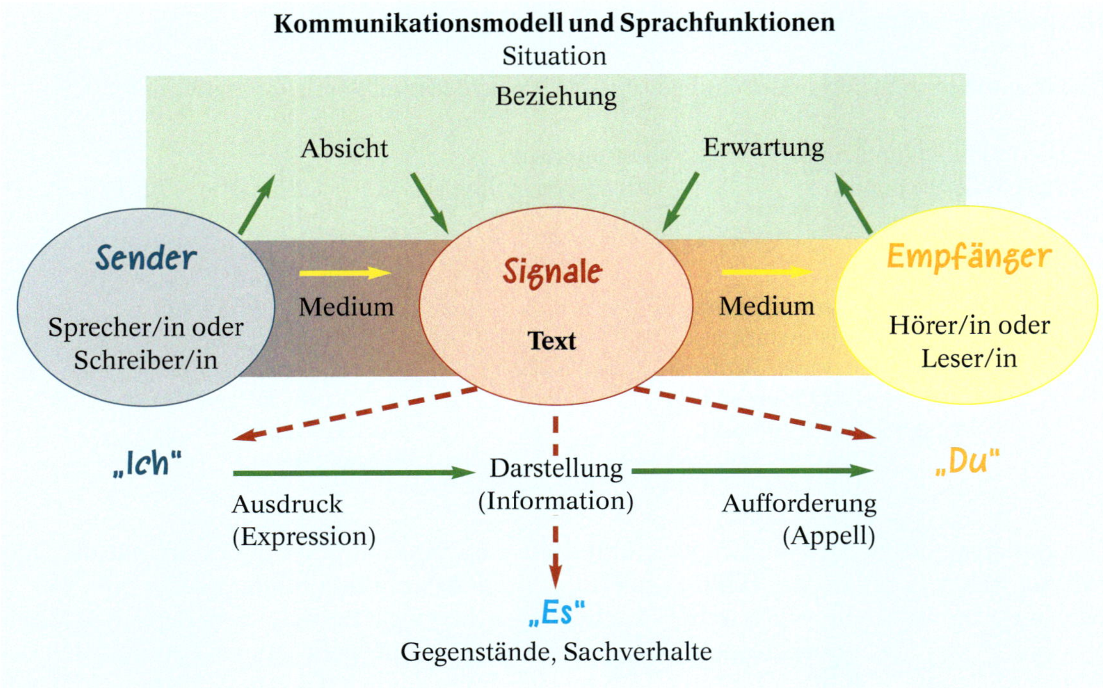

Sprachfunktionen

Sprachliche Zeichen haben grundsätzlich drei Sprachfunktionen: eine **darstellende** Funktion, eine **appellative** Funktion und eine **expressive** Funktion.

- **Information** (= darstellende Funktion): Gegenstände, Personen, Vorgänge, Sachverhalte werden dargestellt; z. B. durch: Aussagesätze, Adverbiale, Adjektive, Zahlen, Daten, Fakten, Beschreibungen, Fragen und Antworten usw.
- **Aufforderung** (= appellative Funktion): Es wird zum Handeln, Denken, Mitmachen aufgefordert; z. B. durch: Imperative, Anredepronomen, Ausrufezeichen, elliptische (verkürzte) Sätze, Slogans, Sprüche, rhetorische Mittel usw.
- **Ausdruck** (= expressive Funktion): Gefühle, Hoffnungen, Proteste werden ausgedrückt; z. B. durch: Ausrufe, Ich-Aussagen („ich fühle"), Wertungswörter/Gradadjektive („hervorragend", „toll"), Einzelwörter und elliptische Sätze, Bekenntnisse usw.

In komplexeren Texten gibt es meist eine vorherrschende Funktion, auch wenn sie noch andere Funktionen zugleich zeigen: Ein Bericht ist z. B. von der darstellenden Funktion geprägt, auch wenn Aufforderungen oder Expressionen vorkommen.

5.9 Gespräche untersuchen

Inhalts- und Beziehungsseite der Kommunikation

In Gesprächen werden **Inhalte** vermittelt: Sachverhalte, Fakten, Beobachtungen, Erlebnisse, Erinnerungen, Vorstellungen, Meinungen, Wünsche …

Über die Inhalte hinaus spielt bei der Kommunikation auch eine Rolle, welche **Beziehung** die Kommunikationspartner zueinander haben, welche Absichten sie verfolgen, welche Erwartungen sie voneinander haben und in welcher Situation das Gespräch stattfindet. Auf der sprachlichen Ebene kann die Beziehungsseite einer Aussage durch die Betonung und besonders durch die Wahl der Satzart (Aussage, Frage, Ausruf) sowie durch Modaladverbien (z. B. *doch, nur, ja, eben*) zum Ausdruck gebracht werden.

Die meisten Alltagsgespräche laufen nahezu automatisch ab. Wir sprechen und reagieren oftmals, ohne über das Gesagte nachzudenken. So hat man mitunter das Gefühl, nicht verstanden zu werden oder aneinander vorbeizureden. Missverständnisse, Verletzungen und Streit kann man vermeiden, wenn man sich bewusst macht, welche Intentionen, Interessen und Gefühle das Gesprächsverhalten beeinflussen. In manchen Situationen entspricht z. B. die Absicht der Kommunikation nicht unbedingt der Wirkung oder es wird sogar das Gegenteil von dem erreicht, was beabsichtigt war.

Kommunikationsanalyse

Um das sprachliche Verhalten von Dialogpartnern in Sprechsituationen zu verstehen, muss man beobachten, wie ihre Kommunikation in größere Handlungszusammenhänge eingebettet ist, wie sprachliche Handlungen zur Verständigung, zur Kooperation oder zum Konkurrenzkampf eingesetzt werden und woran es liegt, dass Kommunikation gelingt oder misslingt. Dabei ist zu untersuchen, wie sich die spezifischen Umstände der Situation, die Handlungen und die Rede- oder Gesprächsbeiträge gegenseitig beeinflussen:

	Situationsanalyse	**Handlungsanalyse**	**Rede-/ Gesprächsanalyse**
Leitfrage	Welche Faktoren der Situation bestimmen vor allem die Art und das Zusammenspiel des Handelns und des Redens?	Welche Handlungen wirken vor allem auf die Situation und das Gespräch ein oder gehen aus ihnen hervor?	Welche Bedeutung haben Gesprächs- oder Redeteile für die Situation und die konkreten Handlungen?
Faktoren	*Äußere Einflüsse:* Ort, Raum, Zeit, Gegenstände, Umstände, Atmosphäre, Personenkonstellation, Rollenverteilung, persönliche Situation, Gefühle, gesellschaftliche Bedingungen und Normen, wirtschaftliche Lage usw.	*Konkrete Handlungen:* Fenster öffnen, Kaffee eingießen, Formular reichen …; *Handlungsträger:* Personen, Gruppen; *Handlungsablauf:* Auslöser, Verlauf, Ergebnis, Folgen; Handlungsspielraum, Handlungsalternativen usw.	*Sprachhandlungen:* Bitte, Empfehlung, Forderung, Herabsetzung, Information, Kompliment, Mutmaßung, Schmeichelei, Unterstellung, Widerspruch …; *Redemittel:* rhetorische Mittel, bildliche Mittel, Redewendungen …; *Redeorganisation:* Sprecherwechsel, Redeanteile, Dominanz (Vorherrschaft); Inhalts- und Beziehungsaspekt

5.10 Sprachvarianten

In einer Sprachgemeinschaft werden neben der Standard- oder Hochsprache unterschiedliche Sprachvarianten verwendet. Die **Hochsprache** (auch: **Standardsprache**) ist die allgemein verbindliche Form einer Sprache, wie sie in der Öffentlichkeit – vor allem in den Medien – gebraucht wird. Der alltägliche mündliche Sprachgebrauch (**Umgangssprache**) orientiert sich an der Hochsprache, wendet deren Regeln und Normen aber nicht streng an. Typisch für die Umgangssprache sind kurze und einfache, aber auch unvollständige Sätze. Alterstypische **Gruppensprachen** und Szenejargons, Dialekte und Fachsprachen sowie die Standardsprache und Umgangssprache sind verschiedene **Sprachvarianten**, die sich beim aktuellen Sprechen je nach Sprecherin oder Sprecher überlagern und mischen. Oft verwenden Sprecherinnen und Sprecher auch geschlechtsspezifische Sprachvarianten (Männersprache/Frauensprache).

Dialekt

Regionale Sprachvarianten bezeichnet man als Dialekt oder Mundart. Zu den deutschen Dialekten zählen u. a. das Kölsch, die hessisch-fränkischen Mundarten, das Bairische, das Sächsische sowie das Schwäbisch-Alemannische. Beispiele für Kölsch: *Et kütt, wie et kütt. Wat fot is, is fot.*

Jugendsprachen

Die Jugendkultur setzt sich aus einer Vielfalt von „Szenen“ zusammen, d. h. sozialen Gruppierungen, in denen sich Jugendliche mit ähnlichen Interessen, Wertvorstellungen und Freizeitaktivitäten zusammenfinden. Es gibt eine lockere Zugehörigkeit, die sich an vergleichbaren Konsumgewohnheiten, Kleidermoden, Musikvorlieben, Kommunikationsformen usw. ablesen lässt, z. B. Skater, Techno-Freaks, Alternative, Body-Culture, Computer-Freaks, Surfer, Junge Christen, Gewerkschaftsjugend, Raver, Punker ...
In der Regel benutzt man innerhalb der eigenen Szene einen Szenejargon. Beispiele aus der Sprache der Techno-Szene: *Techno, Flyer, Rave, DJ, Dancefloor, abgrooven, Sampler ...*
Bestimmte typische Beispiele lassen sich gruppieren:

- **Szene-Wörter** sind Wendungen, die nur in einer begrenzten Umgebung benutzt werden: *grooven, raven ...*
- **Anglizismen** sind Übernahmen aus dem Englischen/Amerikanischen: *connections, powern ...*
- **Metaphern** werden oft aus dem Tier- oder Pflanzenreich gewählt: *keinen Bock haben ...*
- **Vulgärsprache/sexistische Sprache** umfasst Wörter mit sexuellen oder gar frauenfeindlichen Anspielungen sowie Ausdrücke der Fäkaliensprache, die normalerweise tabuisiert werden: *fuck, shit, Schnalle, Schnecke ...*
- **Gefühlsgeladene Verstärker** betonen durch modisch wechselnde Adjektive: *cool, geil, fett, krass ...*
- **Grammatische Veränderungen** beziehen sich besonders auf Satzbau und Flexionsendungen, z. B. Einwortsätze/Ellipsen: *Runter!* oder Infinitivstil: *Abzischen!*

Fachsprachen

Fachsprachen sind typisch für eine bestimmte Wissenschaft, ein Schulfach oder ein berufliches Umfeld. Sie haben oft fremdsprachliche Elemente und arbeiten mit Abkürzungen:

- Elektronik: *Hauptplatine, Schaltkreis, PC, RAM ...*
- Biologie: *Photosynthese, Ökosystem ...*
- Literatur: *Alliteration, Exposition ...*
- Medizin: *Diagnose, Anästhesie, EEG ...*
- Werbung: *Eyecatcher, Aufreißer ...*

5.11 Sprachkritik

An der Verwendung von Sprache kann man Kritik üben. Sprachaufmerksamkeit ist eine wichtige Voraussetzung für Sprachkritik. Lohnend ist es z. B., den kritischen Blick darauf zu richten, wie die Wirklichkeit sprachlich vermittelt wird.

Wortwahl

Bei der Wahl der Wörter haben Sprecher/innen oder Schreiber/innen verschiedene Alternativen in einem Netz von Begriffen. Man untersucht daher die Verwendung z. B. des Folgenden:

- **Synonyme** (bedeutungsverwandte Wörter): *Armut, Elend, Not …*
- **Antonyme** (Gegenwörter): *Armut – Reichtum, Wohlstand …*
- **Redewendungen:** *arm, aber glücklich; arm, aber sauber …*
- **Konkreta/Abstrakta:** *Haus/Behausung; Kuss/Liebe; der Freund/Freundschaft …*
- **Fremdwörter/Lehnwörter:** *Interface, Laptop, Hobby …*
- **Neologismen** (neu gebildete Wörter): *faxen …*
- **Modewörter:** *sich outen, mega-in …*
- **politische Leitbegriffe:** *soziale Gerechtigkeit, freie Marktwirtschaft;* z. T. ideologisch besetzte Begriffe: *Ausbeutung …*
- **Phrasen – Stereotype – Klischees** (festgelegte, schematische Wortgruppen und Bilder): *nichts für ungut; der kleine Mann; der Mittelstand …*
- **Euphemismen** (beschönigende oder verharmlosende Begriffe): *dahinscheiden* für sterben; *Rentenreform* für Rentenkürzung; *Störfall* für Unfall; *Restrisiko* für Sicherheitsproblem; *Entsorgungspark* für Müllhalde; *Entsorgung* für Müllbeseitigung usw.

Sprachliche Trends

Weitere Untersuchungsgesichtspunkte sind z. B. sprachliche Trends: Fremdsprachliches Importgut wie Anglizismen wird auch als „Neudeutsch" bezeichnet. Oft wird das englische Wort importiert, weil es keine deutsche Bezeichnung für den betreffenden Sachverhalt gibt oder weil die Übersetzung zu umständlich klänge (*Management* statt Betriebsleitungstechnik) oder weil die Wörter zu Bereichen gehören, in denen Englisch die internationale Verkehrssprache (*Ticket*, *Gate*) oder Fachsprache (*Computer* statt Rechner) ist. Manche Anglizismen sind allerdings nur modische Protzereien aus Fernsehen und Werbeindustrie (*City Center*).

Techniken der Abwertung und Diffamierung

Softi und *Weichei* dienen z. B. als herabsetzende Bezeichnung für Männer, die auch die femininen Züge in sich akzeptieren und für die Zärtlichkeit, Kinderliebe, Beteiligung an den Aufgaben in Haushalt und Erziehung usw. wichtig sind. Andere abwertende Begriffe, die oft aus größeren Wortfeldern diffamierender Ausdrücke stammen, sind z. B: *Dienstmädchen* statt Haushaltshilfe; *Penner* oder *Schnorrer* statt Arme. Bei *Asylanten* statt Asylsuchende oder Asylberechtigte handelt es sich ggf. auch um einen politischen Kampfbegriff (vgl. *Asylantenflut* oder *Asylantenansturm*), besonders wenn das Wort in Beziehung gebracht wird zu anderen negativ besetzten „ant"-Wörtern wie *Simulant*, *Querulant*, *Intrigant* oder *Sympathisant*.

Political Correctness

Der öffentliche Meinungsdruck und die bewusstere Sprachverwendung bewirken eine vorsichtigere Begriffsnutzung bis hin zu sprachlichen Veränderungen und sprachlicher Kontrolle: die Bezeichnung *Afroamerikaner* an Stelle von *Schwarzer* oder gar *Neger*; *StudentIn*, *Student/in* oder *Studentin und Student* statt nur *Student*; wahlweise die Amtsbezeichnung *Amtmännin* oder *Amtfrau* usw.

6 Umgang mit Texten und Medien

6.1 Erzählende Literatur

▶ S. 121–127, 128–132
▶ S. 115–118

Die erzählende Literatur **(Epik)** ist neben ▶Lyrik und ▶Dramatik eine der drei literarischen Großgattungen. Kennzeichnend für epische Texte ist es, dass den Leserinnen und Lesern eine Geschichte von einem fiktionalen (erfundenen) ▶**Erzähler** präsentiert wird, der nicht mit dem Autor oder der Autorin verwechselt werden darf, sondern der mehr oder weniger deutlich als Figur der Erzählwelt in Erscheinung tritt.
Es sind verschiedene Möglichkeiten denkbar, epische Texte zu unterscheiden: Es gibt ernste und komische Erzählungen, Erzählungen in Prosa oder in Versform. Am häufigsten unterscheidet man jedoch zwischen Groß- und Kurzepik. So gibt es neben dem Roman (z. B. Thomas Mann: *Buddenbrooks*) und dem Epos (Verserzählung, z. B. Homer: *Odyssee*) als epische Großformen zahlreiche Formen von mittlerer und kurzer Prosa.

Homer (um 700 v. Chr.)

Textarten

	Autoren/Titel	**beispielhafter Beginn / Auszug**
Anekdote Eine Anekdote ist eine kurze, meist witzige Geschichte zur scharfen, blitzlichtartigen Charakterisierung einer bekannten Persönlichkeit. Gegenstand der Anekdote können aber auch gesellschaftliche Gruppen, Charaktertypen oder denkwürdige Ereignisse sein.	**Johann Peter Hebel:** *Schatzkästlein des rheinischen Hausfreundes* **Heinrich von Kleist:** *Anekdoten*	*Bach, als seine Frau starb, sollte zum Begräbnis Anstalten machen …* (Heinrich von Kleist)
Fabel In der Fabel handeln und sprechen zumeist Tiere. Viele dieser Tierfiguren verkörpern feststehende menschliche Charaktereigenschaften: Der Fuchs gilt als schlau, der Esel als dumm, der Löwe als mächtig, der Wolf als gierig. Die Tiere sind häufig Gegner (Fuchs und Rabe, Wolf und Lamm, Löwe und Esel), der Stärkere oder der Listigere siegt. Aus Fabeln soll man Lehren für das eigene Verhalten gegenüber anderen Menschen ziehen. Fabeln können wie Gedichte in Versen oder aber in Prosa (als kurze Erzählung) geschrieben sein.	**Äsop:** *Was du tust, wirst du erleiden* **Martin Luther:** *Untreue. Vom Frosch und der Maus* **Gotthold Ephraim Lessing:** *Die Wasserschlange* **Johann Wolfgang Goethe:** *Die Frösche* **Franz Kafka:** *Kleine Fabel*	*Eine Maus wollte über ein Wasser, konnte nicht und bat einen Frosch um Rat und Hilfe …* (Martin Luther)

	Autoren/Titel	beispielhafter Beginn / Auszug
Kalendergeschichte Wie der Name schon sagt, wurden diese Geschichten ursprünglich für die Kalender geschrieben, die in früheren Jahrhunderten neben der Bibel häufig das einzige Druckerzeugnis in vielen Haushalten waren. Es handelt sich um kurze, überschaubare Erzählungen, die unterhalten und belehren sollten. Meist geht es in ihnen um merkwürdige, witzige oder auch nachdenklich stimmende Begebenheiten, die der Autor irgendwo aufgeschnappt oder in einer Zeitschrift, einem Magazin oder einem Geschichtsbuch gelesen hat und die er nun für seinen Kalender ausgestaltet. Der bekannteste Kalendergeschichtenschreiber ist Johann Peter Hebel (1760 bis 1826). In neuerer Zeit hat Bertolt Brecht (1898 bis 1956) die Tradition der Kalendergeschichte wieder aufgegriffen; allerdings wurden seine Geschichten nicht mehr für einen Kalender geschrieben, sondern für eine Veröffentlichung in Buchform.	**Johann Peter Hebel:** *Schatzkästlein des rheinischen Hausfreundes* (1811), z. B. *Unverhofftes Wiedersehen* **Bertolt Brecht:** *Kalendergeschichten* (1949), z. B. *Der hilflose Knabe*	*In Falun in Schweden küsste vor guten fünfzig Jahren und mehr ein junger Bergmann seine junge hübsche Braut …* (Johann Peter Hebel) *Herr K. sprach über die Unart, erlittenes Unrecht stillschweigend in sich hineinzufressen, und erzählte die folgende Geschichte …* (Bertolt Brecht)
Kurzgeschichte Der Name Kurzgeschichte ist eine Übersetzung des amerikanischen Begriffs „Short Story“. Die ersten deutschen Kurzgeschichten entstanden nach dem Zweiten Weltkrieg und behandeln Themen der Kriegs- und Nachkriegszeit. Später behandelt die Kurzgeschichte entscheidende Situationen im menschlichen Leben. Obwohl die Kurzgeschichten in Form und Darstellungsweise beträchtlich variieren, kann man gewisse gemeinsame Tendenzen feststellen: Kürze, Konzentration auf einen Geschehensausschnitt, Wechsel zwischen Erzählerbericht und Figurenrede (direkter oder indirekter Rede), unvermittelter Anfang, Nähe zur Alltagssprache, Mehrdeutigkeit.	**Wolfgang Borchert:** *Die Küchenuhr* **Heinrich Böll:** *An der Brücke* **Elisabeth Langgässer:** *Saisonbeginn* **Gabriele Wohmann:** *Denk immer an heut nachmittag*	*Sie sahen ihn schon von weitem auf sich zukommen, denn er fiel auf …* (Wolfgang Borchert) *„Eine halbe Stunde Fahrt auf der Hinterplattform“, sagte der Vater, „wieder was Schönes zum Drandenken.“* (Gabriele Wohmann)

	Autoren/Titel	beispielhafter Beginn / Auszug
Märchen Märchen sind fantastisch-wunderbare, frei erfundene Geschichten, die keinen namentlich bekannten Autor haben. Sie sind lange vor der Zeit des Buchdrucks entstanden und von Generation zu Generation weitererzählt worden. Später haben Schriftsteller und Literaturwissenschaftler diese Märchen gesammelt und aufgeschrieben. Die berühmteste Märchensammlung stammt von den Brüdern Jacob (1785–1863) und Wilhelm Grimm (1786–1859). Die Figuren werden im Märchen nur in einigen für die Handlung wesentlichen Eigenschaften vorgestellt (Gut-böse-Schema). Ort und Zeit sind nicht näher bestimmt. Das Handlungsschema ist oft so, dass die Heldin/der Held eine Reihe von Aufgaben bewältigen muss (häufig sind es drei) und am Ende eine Belohnung gewinnt (Happy End). Übernatürliche Mächte (Gott, Teufel, Hexen, Feen, mit magischen Kräften ausgestattete Tiere usw.) greifen wie selbstverständlich ins Alltagsleben ein.	**Jacob und Wilhelm Grimm:** *Fundevogel, Sterntaler* **aus der Karibik:** *Der Puma, der zaubern konnte* **aus der Türkei:** *Das Töpfchen*	*Es war einmal ein kleines Mädchen, dem war Vater und Mutter gestorben, und es war so arm, dass es kein Kämmerchen mehr hatte, darin zu wohnen, und kein Bettchen mehr, darin zu schlafen …* (Jacob und Wilhelm Grimm)
Novelle (von italienisch *novella* = Neuigkeit) Die Novelle ist eine relativ kurze, in straffer Form erzählte dramatische („unerhörte“) Begebenheit, die im Gegensatz zum Märchen (s. o.) einen deutlichen Wirklichkeitsbezug hat.	**Giovanni Boccaccio:** *Decamerone* (1348–1353) **Heinrich von Kleist:** *Die Marquise von O.* (1808), *Das Bettelweib von Locarno* (1810) **Theodor Storm:** *Der Schimmelreiter* (1888) **Gottfried Keller:** *Die Leute von Seldwyla* (1856/74) **Thomas Mann:** *Tonio Kröger* (1903), *Der Tod in Venedig* (1912) **Günter Grass:** *Katz und Maus* (1961)	*Was ich zu berichten beabsichtige, ist mir vor reichlich einem halben Jahrhundert im Hause meiner Urgroßmutter, der alten Frau Senator Feddersen, kundgeworden …* (Theodor Storm)

	Autoren/Titel	beispielhafter Beginn/Auszug
Parabel Parabeln haben lehrhaften Charakter und enthalten meist eine allgemeine Erkenntnis oder Lebensweisheit, die durch Übertragung des dargestellten konkreten Ereignisses in einen anderen Vorstellungsbereich erschlossen werden kann.	**Franz Kafka:** *Im Tunnel,* *Heimkehr* **Robert Walser:** *Die Geschichte vom verlorenen Sohn* **Martin Buber:** *Der vollkommene Schwimmer* **Bertolt Brecht:** *Herr Keuner und die Flut*	*Wir sind, mit dem irdisch befleckten Auge gesehn, in der Situation von Eisenbahnreisenden, die in einem langen Tunnel verunglückt sind …* (Franz Kafka)
Parodie Unter einer Parodie versteht man die gezielte Umwandlung eines bestehenden Textes in ▶satirischer Absicht. Die Parodie ahmt bestimmte Formmerkmale eines Textes nach, übertreibt sie oder füllt sie mit anderen Inhalten, wobei der Ursprungstext weiterhin erkennbar bleibt.	**RST:** *Der wahre Tell* **Erich Kästner:** *Kennst du das Land, wo die Kanonen blühn* **R. Neumann:** *Mit fremden Federn*	*Der Wilhelm Tell, den jeder kennt und dessen wahres Element …* (RST)
Roman Romane sind Prosatexte größeren Umfangs, in denen meist vielschichtige Lebenszusammenhänge dargestellt werden. Um zahlreiche Figuren ranken sich Haupt- und Nebenhandlungen. Der Roman ist die heute vorherrschende literarische Gattung. Es gibt vielfältige Arten des Romans, die sowohl der Form nach (Briefroman, Collageroman …) als auch dem Inhalt nach (Detektivroman, Großstadtroman …) unterschieden werden.	**Johann Wolfgang Goethe:** *Die Leiden des jungen Werthers* (1774) **Gottfried Keller:** *Der grüne Heinrich* (1854/55) **Theodor Fontane:** *Effi Briest* (1894) **Thomas Mann:** *Buddenbrooks* (1901) **Franz Kafka:** *Der Prozess* (1915) **Max Frisch:** *Homo faber* (1957) **Günter Grass:** *Die Blechtrommel* (1959) **Patrick Süskind:** *Das Parfum* (1985)	*Jemand musste Josef K. verleumdet haben, denn ohne dass er etwas Böses getan hätte, wurde er eines Morgens verhaftet …* (Franz Kafka) *Wir starteten in La Guardia, New York, mit dreistündiger Verspätung infolge Schneestürmen …* (Max Frisch)

▶ S. 112

	Autoren/Titel	beispielhafter Beginn / Auszug
Sage Sagen sind ursprünglich auf mündlicher Überlieferung beruhende kurze Erzählungen fantastischer Ereignisse. Im Gegensatz zum ▶Märchen sind Sagen meist an einen ganz bestimmten Ort gebunden und auch zeitlich festgelegt. ▶ S. 110	**Jacob und Wilhelm Grimm:** *Deutsche Heldensagen (Siegfried, Tannhäuser, Lohengrin)* **Gustav Schwab:** *Die schönsten Sagen des klassischen Altertums (Die Sagen Trojas, Herakles, Äneas usw.)*	*In Xanten am Niederrhein herrschten vorzeiten König Siegmund und Königin Siegelind. Sie hatten einen Sohn, Siegfried geheißen …* (Gretel und Wolfgang Hecht: Siegfried und der Lindwurm)
Satire Als Satire bezeichnet man eine Spottdichtung, die Kritik an menschlichen Schwächen und Lastern oder gesellschaftlichen Missständen übt. Sie betrachtet Verhaltensweisen und Zustände von einem normativen (bestimmte Wertmaßstäbe anlegenden) Standpunkt aus und bringt die Leser/innen dazu, auf kritische Distanz zu dem Dargestellten zu gehen. Dabei bedient sich die Satire besonderer Darstellungsverfahren wie der Verzerrung, des Rollenwechsels, der Sprachmusterverschiebung oder des „fremden Blicks". Häufig eingesetzt werden außerdem sprachliche Mittel wie die Über- oder Untertreibung, Ironie, Mehrdeutigkeit, Situationskomik, Metaphern, Vergleiche und ein auffälliger Satzbau. Die Satire ist keine spezielle Textart, sie ist in allen literarischen Gattungen möglich. Verwandt ist sie mit der **Karikatur**, in der insbesondere zeichnerische Elemente einen satirischen Effekt erzielen, und mit der ▶**Parodie**. ▶ S. 111	**Heinrich Heine:** *Deutschland. Ein Wintermärchen* (1844, politisch-satirisches Versepos) **Heinrich Mann:** *Der Untertan* (1916, satirischer Roman) **Heinrich Böll:** *Dr. Murkes gesammeltes Schweigen* (1958, satirische Erzählungen) **Friedrich Dürrenmatt:** *Der Besuch der alten Dame* (1956, satirische Komödie) **Kurt Tucholsky, Erich Kästner:** *Satirische Gedichte und Kurzprosa*	*Das ist der Teutoburger Wald, / Den Tacitus beschrieben, / Das ist der klassische Morast, / Wo Varus stecken geblieben.* (Heinrich Heine)

Erzählende Texte erschließen

Inhaltsangabe

Die Inhaltsangabe ist ein wichtiger Bestandteil von Aufsätzen über literarische Texte. In ihr vergewissert sich der Leser/die Leserin über die wesentlichen Aussagen des Textes und das eigene Textverständnis.

Aufbau	Merkmale	Beispiele
A) Einleitung	*Angaben zu* ***T****itel,* ***A****utor/in,* ***T****extart,* ***T****hema (TATT)*	Die Ballade „Die Bürgschaft" von Friedrich Schiller verdeutlicht, dass Freundschaftstreue und Pflichtgefühl Bosheit und Grausamkeit besiegen können.
B) Hauptteil	*1. Wiedergabe wesentlicher Erzählschritte statt Nacherzählung des Textes* *2. weitgehender Verzicht auf Zitate* *3. Präsens (Perfekt bei Vorzeitigkeit)*	Die Handlung setzt ein, als bei einem Mordanschlag auf Dionys der Freiheitskämpfer Damon gefangen genommen wird ... Auf dem Rückweg wird Damon durch zahlreiche Hindernisse aufgehalten, wie zum Beispiel ... Nachdem Damon auch das letzte Hindernis, die Begegnung mit seinem Diener, überwunden hat, ...
C) Schluss	*Fazit, das auf das Thema Bezug nimmt*	Die Ballade endet folgerichtig damit, dass Damon die Bosheit des Tyrannen besiegt.

Charakterisierung

Die Charakterisierung beschreibt eine Figur aus einem literarischen Werk möglichst genau, um unter anderem deren Bedeutung für dieses literarische Werk aufzuzeigen. Dabei geht man von einschlägigen Textstellen aus, in denen wichtige Eigenschaften der Figur durch ihr Verhalten indirekt charakterisiert werden oder in denen andere Figuren des Werks Aussagen über die entsprechende Person machen. Bei der ausformulierten Personencharakterisierung sollte man nur solche Eigenschaften benennen, die eine Figur vermutlich auf Dauer auszeichnen, nicht aber Verhaltensweisen, die durch eine besondere Situation bedingt sind. Folgende Gesichtspunkte können bei einer Charakterisierung einbezogen werden (▶S. 114):

Die Mutter Courage aus Bertolt Brechts gleichnamigem Drama, gespielt von Helene Weigel in Berlin 1949

zu charakterisierende Person
(Beispiel: Mutter Courage)

äußeres Erscheinungsbild/besondere Merkmale (z. B. Sprache); typische Tätigkeiten und Verhaltensweisen
- *Dialekt, Sprachwitz, Schlagfertigkeit*
- *Lust zu feilschen*
- …

Lebensumstände (Herkunft, Stand, Vorgeschichte usw.)
- *verworrene Familienverhältnisse*
- *aus kleinsten Verhältnissen*
- *Marketenderin im Dreißigjährigen Krieg*

Verhältnis zu den Mitmenschen
- *Durchsetzungskraft*
- *Misstrauen*
- *Ausnutzen der Schwächen ihrer Mitmenschen*
- …

Vorlieben/Gedanken/Gefühle/Eigenschaften
- *Bauernschläue*
- *„Muttertier"*
- *„Hyäne des Schlachtfeldes"/Gewinnsucht*
- *Überlebensinstinkt*
- *Wendigkeit/Härte*
- …

Einstellungen/Absichten/Motive
- *Verfolgung des kommerziellen Vorteils*
- *Bewahrung der Familie*
- *Werterelativismus*
- …

Die Bewertung einer Äußerung, einer Verhaltensweise usw. erschließt sich dabei aus dem Kontext (des literarischen Werkes, der Situation). Beispiel:

Text:
Jemand zählt sein Geld.

Kontext A:
Die Szene spielt im Hause eines reichen Mannes. → **Abgeleitete Eigenschaft:** *Die Figur ist habgierig/geizig.*

Kontext B:
Die Szene spielt im Hause eines bettelarmen Mannes. → **Abgeleitete Eigenschaft:** *Die Figur ist sparsam/haushälterisch.*

Die Charakterisierung kann in eine abschließende Bewertung der Person einmünden, in der auch ihre Bedeutung für das Werk herausgearbeitet wird. Beispiel:

Die Courage erweist sich als typische Repräsentantin der bürgerlich-kapitalistischen Klassenmoral. Für ihren kommerziellen Erfolg opfert sie sogar ihre Familie.

Tempus der Charakterisierung ist das **Präsens**. Eine besonders ausführliche Form der Personencharakterisierung ist das literarische **Porträt**.

Interpretation eines erzählenden Textes

Das wesentliche Merkmal für einen epischen (erzählenden) Text ist der **Erzähler**/die **Erzählerin**, der/die nicht mit dem Autor/der Autorin gleichgesetzt werden darf. Ein erwachsener Autor kann zum Beispiel eine Geschichte von einem Kind, ein männlicher Autor von einer Frau erzählen lassen oder umgekehrt. Immer ist der Erzähler/die Erzählerin eine vom Autor erfundene Figur und gehört zur Welt der erzählten Geschichte.

Um sich bei der Interpretation eines epischen Textes ein möglichst genaues Bild vom Erzähler und der Erzählweise zu machen, können folgende Aspekte berücksichtigt werden:

Erzählkategorien (Merkmale des Erzählens)	**Definition/Erklärung**	**Beispiele**
1. Erzählform a) Er-/Sie-Form	Der Erzähler tritt als Person ganz in den Hintergrund, sodass die Leser und Leserinnen nichts oder kaum etwas über seinen Charakter und sein Leben erfahren. Der Erzähler ist Vermittler der Geschichte und erscheint hauptsächlich in Kommentaren zum Erzählten.	**1. Beispiel:** *Peter S. betrat den Gerichtssaal. Er fühlte sich ungemütlich, denn ... Das war auch verständlich, weil ...* **2. Beispiel:** *Es war der „Chef", der um elf das Krankenzimmer betrat und etwas verlegen am Bett des Alten Platz nahm, ohne den Wintermantel abzulegen, den Hut in der Hand. Bärlach wusste, was dieser Besuch bedeuten sollte ...* (Friedrich Dürrenmatt: Der Verdacht)
b) Ich-Form	Der Erzähler erscheint gleichzeitig als erlebende und erzählende Person. Dabei kann zwischen dem erlebenden und dem erzählenden Ich ein großer oder kleiner Abstand bestehen, je nachdem, ob der Ich-Erzähler unmittelbar aus der dargestellten Situation heraus erzählt oder später mit zeitlichem Abstand auf die Situation zurückblickt.	**1. Beispiel:** *Ich kann noch immer nicht verstehen, dass mir das mit meinen vierzig Jahren passieren konnte ... Ich glaube, ich war damals zehn Jahre alt, als meine Familie von Köln nach Hamburg zog ...* **2. Beispiel:** *Mein Vater hat mich eingeschlossen, und ich will ihn fragen, was er vorhat mit mir ...* (Ingeborg Bachmann: Malina) **3. Beispiel:** *Als ich Jenö kennen lernte, war ich neun ...* (Wolfdietrich Schnurre: Jenö war mein Freund)

Erzählkategorien (Merkmale des Erzählens)	Definition/Erklärung	Beispiele
2. Erzählverhalten a) auktorial	Der Er-/Sie- oder Ich-Erzähler greift in den Erzählvorgang ein, er leitet den Leser mehr oder weniger sanft mit Hilfe von Kommentaren, Vorausdeutungen, Urteilen über die Personen und Ansprachen an den Leser.	**1. Beispiel:** *In Peter S.' Kopf schwirrten tausend Gedanken: Sollte er die Wahrheit sagen? Hätte er es doch getan, manch Unheil wäre ihm erspart geblieben. Doch davon wird, geneigter Leser, an späterer Stelle zu erzählen sein.* **2. Beispiel:** *Da wir Madame Gaillard an dieser Stelle der Geschichte verlassen und ihr auch später nicht mehr begegnen werden, wollen wir in ein paar Sätzen das Ende ihrer Tage schildern ... Gottseidank ahnte Madame Gaillard nichts von diesem ihr bevorstehenden Schicksal, als sie ...* (Patrick Süskind: Das Parfüm) **3. Beispiel:** *Die Hitze war unmäßig, soll ich das anführen? Sie war afrikanisch; die Schreckensherrschaft der Sonne ... Mögen Sie das?* (Thomas Mann: Mario und der Zauberer)
b) personal	Der Erzähler erzählt aus der Sicht **(Perspektive)** einer Person oder wechselnd aus der Sicht mehrerer Personen. Hierbei tritt der Erzähler nicht unmittelbar auf, kommentiert nicht, sondern bleibt in der Sichtweise einer Figur verhaftet.	*Sie sind da. Pille kann das sehen. Was draußen ist, sieht er sowieso besser als das, was hier drin geschieht. Auch wenn die Rollläden fast ganz heruntergelassen sind. Alles nur wegen dieser öden Dias. Wen juckt's, was vor mehr als fünfzig Jahren in einem Hinterhaus in der Prinsengracht in Amsterdam abgegangen ist, wenn draußen ein Auto vorfährt. Lass ihn die Dias zeigen; lass ihn reden, den Grönaz ...* (Peter Grosz: Unerlaubter Weitschuss)

Erzählkategorien (Merkmale des Erzählens)	Definition/Erklärung	Beispiele
c) neutral	Fakten und Vorgänge werden sachlich beschrieben bzw. berichtet. Oder der Erzählvorgang besteht darin, dass Gespräche ohne Zwischenbemerkungen, wie protokolliert, wiedergegeben werden (szenisches Erzählen).	*10.53 Uhr* *Ein kanariengelber Fiat tastete sich vorsichtig in die Kurve, schlitterte trotzdem, die junge Frau am Steuer hatte Mühe, das Fahrzeug in der Gewalt zu behalten. Sie fuhr Schritt-Tempo aus der Kurve heraus, sie bemerkte den Wagen am Baum, sie schloss einen Moment die Augen, sie schrie leise auf.* *Ihre Mutter, die neben ihr saß, bekreuzigte sich, flüsterte:* *Else, um Himmels willen, fahr weiter …* *Wir müssen das der Polizei melden, Mutter.* *Polizei? Kind, fahr weiter …* (Max von der Grün: Das Stenogramm)

Erzählkategorien (Merkmale des Erzählens)	Definition/Erklärung	Beispiele
3. Formen der Darbietung		
a) Erzählbericht	Der Erzähler vermittelt den Erzählgegenstand. Er wendet sich der Handlung und den Figuren zu, streut als auktorialer Erzähler Kommentare, Überlegungen und Betrachtungen ein.	(siehe Beispiele zum auktorialen Erzählverhalten, ▶S. 116)
b) Figurenrede	Der Erzähler lässt die Figuren zu Wort kommen. Dazu hat er verschiedene Möglichkeiten:	(alle folgenden Beispiele aus: Renate Welsh: Was geht's dich an?)
• direkte Rede	Gespräche werden wie bei kleinen Dramenszenen in direkter Dialogform wiedergegeben und stehen meistens in Anführungszeichen.	*„So, wie die sich anmalen, ist es kein Wunder, wenn der eine oder andere …“* *„Hör auf, du siehst doch, es sind Kinder im Wagen …“*
• indirekte Rede	Wiedergabe im Konjunktiv bzw. durch redeeinleitende Sätze; hier kann der Erzähler wieder etwas stärker in den Vordergrund treten.	*Hemma … erklärte mit lauter Stimme, … ich solle doch daran denken, dass der arme Mann wahrscheinlich eine ganz schreckliche Kindheit gehabt habe …*
• innerer Monolog	Wie die erlebte Rede (s. u.) eine im modernen Erzählen häufig angewandte Technik der Wiedergabe von Gedanken, Gefühlen usw. in der 1. Person (Ich-Form)	*Wer würde auf uns hören? Trotzdem müssten wir etwas sagen. Wir sind doch nicht auf den Mund gefallen.*
• erlebte Rede	Wiedergabe von Gedanken, Gefühlen in der 3. Person (Er-/Sie-Form)	*Es war nicht möglich, dass Hemma resignierte. Nicht Hemma, sie doch nicht. Dann schon eher Doris selbst …*

Hat man eine Geschichte auf diese Merkmale des Erzählens hin untersucht, kann man den Erzähler und seine Art zu erzählen recht genau beschreiben. Für das Verständnis der Geschichte und die Aussageabsicht (Intention) ist das von entscheidender Bedeutung.

Vorbereitung einer schriftlichen Interpretation

Zur Vorbereitung der schriftlichen Interpretation eines Erzähltextes geht man zunächst von einem vorläufigen ersten Textverständnis aus (Interpretationsansatz). In einem zweiten Schritt können folgende Analyseaspekte in den Blick genommen werden:

Ausarbeitung einer schriftlichen Interpretation

Aufbau	Merkmal	Beispiele
A) Einleitung	Angaben zu Autor/in und Titel; Inhalt in einem Satz	*In ihrer Kurzgeschichte „Denk immer an heut nachmittag" schildert Gabriele Wohmann die gestörte Beziehung zwischen einem Vater und seinem Sohn.*
B) Hauptteil	Aufbau; Funktion von Anfang und Ende	*Die Handlung setzt unvermittelt mit ... ein, den Mittelteil der Kurzgeschichte bildet das Gespräch ... während der Bahnfahrt, an das sich der Schluss ... anschließt. Das offene Ende gibt einen Hinweis auf die einsetzende Distanzierung des Kindes ...*
	Ort, Zeit, Milieu, Atmosphäre	*Die Bahnfahrt ereignet sich an einem grauen Spätnachmittag gegen Ende des Winters. Die kahle, ungemütliche Atmosphäre des Wintertages spiegelt die seelische Stimmung des Kindes.*

Aufbau	Merkmal	Beispiele
▶ S. 74	Figuren und ihre Konstellation (Textbelege! ▶Zitieren)	Im Mittelpunkt der Kurzgeschichte steht das Verhältnis zwischen Vater und Sohn. Die Mutter ist offensichtlich gestorben. Der berufstätige Vater erwähnt sie in einem kurzen Rückblick: „Vergiß nicht, wie lieb sie dich hatte“ (Z. 53 f.). Auffällig sind die unterschiedlichen Redeanteile, die Appelle des Vaters, unausgesprochene Erwartungen, die Sehnsucht des Kindes nach Wärme, nonverbale Reaktionen, die zunehmende Ernüchterung und Distanzierung auf Seiten des Kindes usw.
	Erzählperspektive	Die wechselnde Erzählperspektive (personal, auktorial) beleuchtet das Geschehen von verschiedenen Seiten ... Während am Anfang ... Dadurch wird bewirkt, dass ...
▶ S. 74	Besonderheiten der Sprache (Textbelege! ▶Zitieren)	Das gestörte Verhältnis zwischen Vater und Sohn spiegelt sich auch in der Sprachgebung: Man findet auf der einen Seite eine beschönigende Sichtweise des Vaters, z. B. durch Euphemismen: „ ... “ (Z. ...), Diminutiva: „ ... “ (Z. ...) oder Appelle: „ ... “ (Z. ...). Auf der anderen Seite steht eine desillusionierende Sichtweise des Kindes (negativ kommentierte Adjektive und Vergleiche; beklemmende, morbide Bildlichkeit ...). Zentral ist das Motiv des Balls, der als Metapher für die Situation des Jungen verstanden werden kann (Z. ...). Hier zeigen sich Beziehungslosigkeit, Verlusterfahrung und Angst ... .
	Thema/Intention, Bezug zum Titel der Kurzgeschichte	Deutlich wird in der Kurzgeschichte also die entfremdete Situation zwischen zwei Menschen, die sich eigentlich nahestehen. Dies wird besonders sinnfällig in dem Appell des Vaters: „Denk immer an heut nachmittag!“ ...
C) Schluss	Kurze Bewertung des Textes	Gabriele Wohmann ist es in ihrer Kurzgeschichte sehr gut gelungen, ...

6.2 Gedichte

Das bestimmende Merkmal aller lyrischen Texte (Gedichte) ist die gebundene Sprache in **Versen**. Die Zeilenenden sind nicht durch Schriftgröße und Papierformat bestimmt, sondern vom Verfasser bewusst gesetzt. Lyrische Texte zeichnen sich im Gegensatz zur Alltagssprache außerdem dadurch aus, dass hier meist eine Vielzahl sprachlicher Gestaltungsmittel auf engstem Raum zusammentreffen.
Im Laufe der Jahrhunderte haben sich unter anderem folgende thematische Schwerpunkte herauskristallisiert:

- **Naturlyrik,** in welcher die Natur selbst bzw. der Mensch in seinem Verhältnis zur Natur zur Sprache kommt
- **Großstadtlyrik,** die die moderne Großstadt mit ihren für den Menschen bedrohlichen Aspekten (Anonymität, Hektik, Naturzerstörung usw.) zum Gegenstand hat
- **Erlebnislyrik,** die ein persönliches Erlebnis des Dichters literarisch ausgestaltet
- **Liebeslyrik,** die vor allem auf den gefühlhaften, seelisch-geistigen Bereich einer Liebesbeziehung zielt
- **Gedankenlyrik,** die in philosophischer Weise allgemeine Sinnfragen in den Mittelpunkt stellt
- **Politische Lyrik,** die politische Ideen oder Vorgänge häufig in verherrlichender oder gesellschaftskritischer Weise thematisiert

Neben den thematischen Schwerpunkten haben sich im Laufe der Zeit auch verschiedene Gedichtformen entwickelt:

Gedichtformen

	Merkmale/Definition	Autoren/Titel
Ballade	Der Name kommt aus dem Französischen, von spätlateinisch: *ballare* = „tanzen“. Bei der Ballade handelt es sich um eine lange Gedichtform, deren Strophen meistens einem festen Metrum folgen. Es ist charakteristisch für die Ballade, dass in ihr handlungsreiche Geschichten erzählt werden, und dies häufig in dramatisch zugespitzter Form. Deshalb bezeichnet Goethe die Ballade als „Ur-Ei“ der Dichtung, in der Episches, Lyrisches und Dramatisches noch untrennbar verbunden sind. Zur Ballade kann man auch das moderne Erzählgedicht rechnen, das in freier, teilweise prosanaher Form gestaltet ist.	**Johann Wolfgang Goethe:** *Erlkönig* **Friedrich Schiller:** *Die Bürgschaft* **Heinrich Heine:** *Belsazar* **Annette von Droste-Hülshoff:** *Der Knabe im Moor* **Bertolt Brecht:** *Legende von der Entstehung des Buches Taoteking* **Wolf Biermann:** *Ballade vom preußischen Ikarus*

	Merkmale/Definition	Autoren/Titel
Bänkelsang	Bänkelsänger traten auf Jahrmärkten oder Marktplätzen vor einem öffentlichen Publikum auf. Der dargebotene Vortrag aktueller Lieder (Begleitung durch Violine, Drehorgel, Laute) umfasste außergewöhnliche oder schauerliche Begebenheiten (▶Moritat), wobei sich der Bänkelsänger auf eine kleine Bank („Bänkel") stellte und mit einem Zeigestock auf eine Tafel und die dort bildlich dargestellten Ereignisse hinwies. Typisch für den Bänkelsang sind die Anrede an das Publikum, formelhafte Sprachwendungen, der Hinweis auf die verbürgte Wahrheit des Vorgetragenen und der Appell an das christliche Gewissen der Zuhörerinnen und Zuhörer. Im 20. Jahrhundert nehmen Chanson, Kabarett, Folksong und Protestsong die Formen des Bänkelsangs wieder auf.	
Hymne	Die Hymne ist ein feierlicher Preis- und Lobgesang. Sie ist Ausdruck hoher Begeisterung; dementsprechend kennt die Hymne keine formalen Regelmäßigkeiten, sie ist in freien Rhythmen verfasst und hat keinen Reim und keinen festen Strophenaufbau. Die Hymne ist der ▶**Ode** verwandt.	**Johann Wolfgang Goethe:** *Ganymed, Prometheus*
Konkrete Poesie	auch „konkrete Dichtung" oder „visuelle Poesie": Sprachliches Material (z. B. Buchstaben) wird visuell oder akustisch gestaltet.	**Ernst Jandl:** *schtzngrmm*
Lied	Das Lied ist ein einfach gebautes, in Strophen gegliedertes Gedicht mit relativ kurzen, gereimten Versen. Allerdings werden Reim und Metrum nicht unbedingt streng durchgehalten. Zuweilen ist ein **Refrain** (Kehrreim) zu finden, d. h. die regelmäßige Wiederholung eines Verses oder mehrerer Verse an einer bestimmten Stelle jeder Strophe.	Volkslieder

▶ S. 123
▶ S. 123

	Merkmale/Definition	Autoren/Titel
Moritat	Das Wort „Moritat" ist vielleicht abgeleitet von lat. *moritas* = „erbauliche Geschichte", von jiddisch *mora* = „Lärm, Schrecken" oder von *Mordtat* (im Sinne einer Verballhornung). Bei der Moritat handelt es sich um eine Spielart des ▶**Bänkelsangs**. Typisch für die auf bekannte Melodien gesungene Moritat ist das belehrende Ende mit dem Sieg des Guten über das Böse, wobei ganz im Sinne der Obrigkeit die von Gott gewünschte und verbürgte Ordnung wiederhergestellt wird. Im 20. Jahrhundert wird die Form der Moritat z. B. von Bertolt Brecht aufgegriffen.	
Ode	Die Ode ist eine reimlose, strophisch gegliederte, lange Gedichtform. Sie kann einem festen Metrum folgen, kann aber auch freirhythmisch sein. Typisch für die Ode ist der hohe, pathetische Sprachstil, der zur Größe und Würde der behandelten Themen passt.	**Friedrich Gottlieb Klopstock:** *Dem Unendlichen* **Friedrich Hölderlin:** *Hyperions Schicksalslied*
Sonett	Gedichtform, die in Italien entstanden ist. In der Grundform besteht ein Sonett aus zwei Quartetten (vierzeiligen Strophen) und zwei Terzetten (dreizeiligen Strophen). Das Reimschema ist in der Regel *abba abba cdc dcd*. Dem strengen äußeren Aufbau entspricht auch die inhaltliche Gliederung. Meist findet sich ein gedanklicher Einschnitt nach den Quartetten.	**Francesco Petrarca:** *Laura-Sonette* (1327–1370) **William Shakespeare:** *Sonette* (1609) **Andreas Gryphius:** *Es ist alles eitel* (1637) **Johann Wolfgang Goethe:** *Natur und Kunst* (1800) **Rainer Maria Rilke:** *Sonette an Orpheus* (1923)

▶ S. 122

Formale Merkmale bei Gedichten

Vers: Als Vers bezeichnet man die Zeile eines Gedichts, deren Länge nicht wie in einem Prosatext von den Zufälligkeiten des Papierformats und der Schriftgröße abhängig ist, sondern deren Länge bewusst vom Autor bestimmt wird. Häufig – besonders in älteren Gedichten – haben alle Verse eines Textes annähernd dieselbe Länge, d. h., die Anzahl der Silben bleibt in jeder Zeile nahezu gleich.

Strophe: Als Strophe bezeichnet man einen Gedichtabschnitt, der sich in der Regel aus mehreren Versen zusammensetzt und der durch einen Absatz von den folgenden Versen getrennt ist. Häufig bestehen Gedichte aus mehreren gleich langen Strophen.

Reim: In manchen Gedichten werden die einzelnen Verse durch einen Endreim miteinander verbunden. Zwei Wörter reimen sich, wenn sie vom letzten betonten Vokal an gleich klingen, z. B. erhellend – schwellend. Die regelmäßige Abfolge von Endreimen ergibt verschiedene Reimschemata: Paarreim (aabb), Kreuzreim (abab), umarmender oder umschließender Reim (abba). Beispiel:

Annette von Droste-Hülshoff
Der Weiher

Er liegt so still im Morgenlicht,
So friedlich wie ein fromm Gewissen;
Wenn Weste seinen Spiegel küssen,
Des Ufers Blume fühlt es nicht;
Libellen zittern über ihn,
Blaugoldne Stäbchen und Karmin
Und auf des Sonnenbildes Glanz
Die Wasserspinne führt den Tanz;
Schwertlilienkranz am Ufer steht
Und horcht des Schilfes Schlummerliede;
Ein lindes Säuseln kommt und geht,
Als flüstre's: Friede! Friede! Friede!

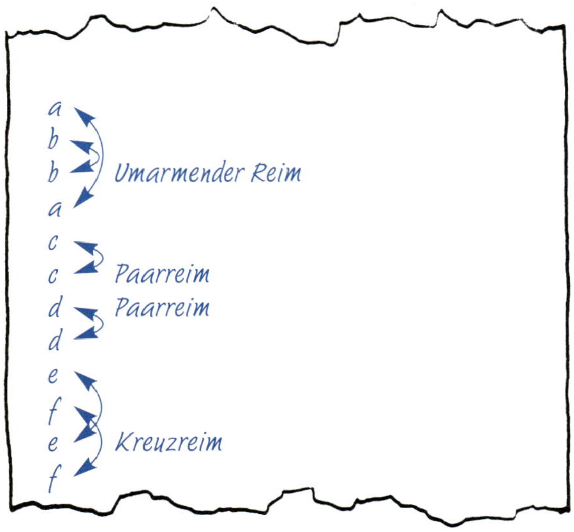

Vom Endreim zu unterscheiden ist der **Binnenreim**, bei dem sich zwei Wörter innerhalb ein und desselben Verses reimen: „Wenn die *Meise leise* weint …" (James Krüss).
Als **unreinen Reim** bezeichnet man den annähernden Gleichklang von Lauten, besonders von Vokalen, z. B. *gerissen – küssen*.

Metrum: Vom Sprechrhythmus her sind die Verse eines Gedichts häufig nach einem Metrum, auch Versmaß genannt, gegliedert. Es geht dabei darum, dass die Abfolge der betonten und unbetonten Silben einem bestimmten Schema folgt. Wechseln betonte und unbetonte Silben unmittelbar einander ab, spricht man von einem **alternierenden** Metrum. In Anlehnung an die antike Metrik lassen sich verschiedene Versmaße erkennen:

Versmaß/ Metrum	Schema	Beispiele
Jambus	x x́	x x́ x x́ x x́ x x́ x *Es schlug mein Herz geschwind zu Pferde* (Johann Wolfgang Goethe)
Trochäus	x́ x	x́ x x́ x x́ x x́ x x́ x x́ x x́ x x́ *Feuerwoge jeder Hügel/Grünes Feuer jeder Strauch* (Georg Britting)
Daktylus	x́ x x	x́ x x x́ x x x́ x x x́ x *Pfingsten, das liebliche Fest war gekommen* (Johann Wolfgang Goethe) Eselsbrücke: x́ x x Daktylus
Anapäst	x x x́	x x x́ x x x́ *Wie mein Glück, ist mein Leid* (Friedrich Hölderlin) Eselsbrücke: x x x́ Anapäst

Lyrisches Ich: Wie zu jedem Erzähltext ein Erzähler/eine Erzählerin gehört, so gehört auch zu jedem Gedicht eine Sprecherin/ein Sprecher, die/der nicht mit dem Autor oder der Autorin gleichzusetzen ist. Oft stellt sich dieser Sprecher als ein Ich (das so genannte lyrische Ich) vor, das seine Gefühle, Beobachtungen, Reflexionen und Gedanken so mitteilt, dass die Leser/innen sie mitempfinden können.
Der Sprecher kann aber auch in einem „Wir“ aufgehen, das in dem Gedicht spricht, oder gar nicht mehr direkt in Erscheinung treten, also gar nicht von sich selbst sprechen, sondern etwas beobachten, beschreiben oder über etwas nachdenken.
In manchen Gedichten wendet sich der Sprecher direkt an ein „Du“, zum Beispiel in einigen Liebesgedichten; hier wird also ein Adressat/eine Adressatin in den Text einbezogen.

Heinrich Heine
Du bliebest mir treu am längsten

Du bliebest mir treu am längsten,
Und hast dich für mich verwendet,
Und hast mir Trost gespendet
In meinen Nöten und Ängsten.

Du gabest mir Trank und Speise,
Und hast mir Geld geborget,
Und hast mich mit Wäsche versorget,
Und mit dem Pass für die Reise.

Mein Liebchen! dass Gott dich behüte,
Noch lange, vor Hitz und vor Kälte,
Und dass er dir nimmer vergelte
Die mir erwiesene Güte.

Vorbereitung einer Gedichtanalyse

Zur Vorbereitung einer Gedichtanalyse kann es sinnvoll sein, sich die wichtigsten Aspekte der Analyse und ihre Beziehungen untereinander in Gestalt einer Mind-Map vor Augen zu führen:

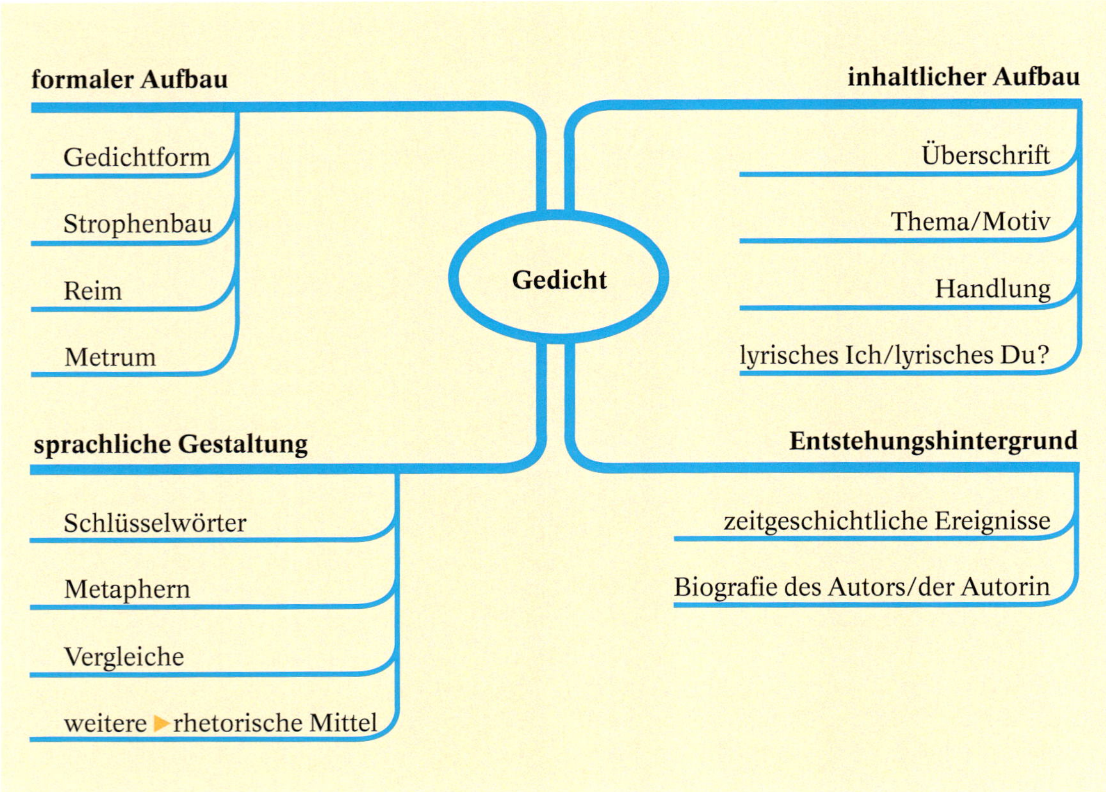

▶ S. 143–144

Ausarbeitung einer schriftlichen Gedichtinterpretation

Aufbau	Merkmale	Beispiele
A) Einleitung	Angaben zu **T**itel, **A**utor, **T**extart, **T**hema (TATT)	*Das Gedicht „Zwei Segel“ von C. F. Meyer aus dem Jahr 1882 handelt von zwei Segeln, die zwei Liebende symbolisieren.* **oder:** *In dem Dinggedicht „Zwei Segel“ (1882) von C. F. Meyer wird dargestellt, wie zwei sich Liebende den Widrigkeiten des Lebens in zweisamer Harmonie begegnen.* **oder:** *Das Gedicht „Zwei Segel“, das C. F. Meyer im Jahr 1882 verfasst hat, lässt sich als Liebesgedicht verstehen, wobei Meyer die Gleichmäßigkeit der zwei Segel im Wind als Symbol für die Harmonie eines Liebespaares setzt.*
B) Hauptteil	Entfaltung der Interpretation unter **Verknüpfung** der formalen, sprachlichen und inhaltlichen Analyse. Zitate dienen dabei als Belege, um das eigene Textverständnis zu untermauern. (▶Zitieren)	*… Das Metrum (Daktylus) entspricht dabei dem Inhalt insofern, als ein tänzerischer, leichter Rhythmus entsteht, der zur Leichtigkeit der Liebesbeziehung passt …* *… Die in der zweiten Strophe auffällige Alliteration („Winden“, „wölbt“ und „bewegt“) unterstützt den bewegten Rhythmus und macht deutlich, dass ein bewegtes Leben in Liebe gemeinsam und harmonisch gelebt werden kann …* *… Dabei unterstützt der Kreuzreim, der alle drei Strophen strukturiert, das Ineinandergreifen der Bewegungen, also das Wechselspiel einer Liebe …* *… Die Wortwahl verweist auf den menschlichen Bereich („Empfinden“, „erregt“, „Begehrt“, „Verlangt“, „Gesell“) und legt nahe, bei der Interpretation über den eigentlichen Bildbereich hinauszugehen …* *… Im letzten Vers findet sich das Verb „ruhen“, was sich hier auch im Sinne von „Gestorben-Sein“ deuten lässt. Die Liebe weist also über den Tod hinaus und entspricht so dem bürgerlichen Ideal einer lebenslangen Partnerschaft …*
C) Schluss	Schlussbemerkung, die die Interpretation nochmals zusammenfassen soll und möglicherweise auch eine eigene Wertung enthalten kann.	*Zusammenfassend lässt sich sagen …* **oder:** *Das Gedicht „Zwei Segel“ ist also …* **oder/und:** *Mir persönlich gefällt der Text gut, weil …* **oder:** *Ich finde, der Text entspricht nicht der Wirklichkeit einer Liebe, weil …*

▶ S. 74

6.3 Drama – Theater

▶ S. 108–120, 121–127

Das **Drama** ist neben ▶erzählender Literatur und ▶Lyrik eine der drei Großformen der Dichtung. Dramentexte sind in **Dialogform** verfasst und in der Regel für eine Theateraufführung vorgesehen. Die Wurzeln des europäischen Dramas reichen in das antike Griechenland zurück. Viele unserer im Zusammenhang mit dem Drama heute noch gebräuchlichen Begriffe haben dort ihren Ursprung (z. B. Szene, Dialog, Tragödie usw.). Die klassische Form des Dramas weist einen strengen Aufbau in **Akte** und **Szenen** auf:

Handlungsschema und Spannungsverlauf bei der klassischen Form des Theaters (5-Akt-Schema)

Spannung

I. Exposition
Einführung in Zeit, Ort, Atmosphäre
Vorstellung der Hauptfiguren
Anbahnung des dramatischen Konflikts

II. Steigende Handlung
mit erregendem Moment
Ausgestaltung/Zuspitzung des Konflikts

Höhepunkt und Peripetie
Wendepunkt/unerwartetes
Umschlagen der Handlung

IV. Fallende Handlung
mit retardierendem Moment
(Verzögerung)

V. Katastrophe
Auflösung der Handlung zum
Schlimmen oder zum Guten

Chronologischer Ablauf der Handlung in einem engen Zeitrahmen

Die so genannte Apfelschuss-Szene als Höhe- und Wendepunkt in Friedrich Schillers Drama „Wilhelm Tell“ (Inszenierung von Claus Peymann am Wiener Burgtheater 1989)

Im 20. Jahrhundert entwickelt Bertolt Brecht (1898–1956) sein **episches Theater** als Gegenentwurf zur klassischen Dramenform:

Bertolt Brecht (1931)

	klassische Form des Theaters (nach Aristoteles)	epische Form des Theaters (nach Brecht)
Beispiele	Gotthold Ephraim Lessing: *Emilia Galotti* Gotthold Ephraim Lessing: *Nathan der Weise* Friedrich Schiller: *Wilhelm Tell*	Bertolt Brecht: *Mutter Courage* Bertolt Brecht: *Der gute Mensch von Sezuan* Max Frisch: *Andorra*
äußerer Aufbau	strenger Aufbau in Akte und Szenen (▶S. 128)	lockere Szenen- oder Bilderfolge; Unterbrechung durch Songs, Erzähler u. a.
Handlung / Spannung	„Spannung auf den Ausgang" (Was-Spannung); abgeschlossene Handlung	„Spannung auf den Gang" der Handlung (Wie-Spannung); häufig offenes Ende
Ort und Zeit	Einheit von Ort, Zeit und Handlung (Ablauf der Handlung an einem Schauplatz innerhalb eines überschaubaren Zeitrahmens, z. B. eines Tages)	Verzicht auf die Einheit von Ort, Zeit und Handlung (verschiedene Schauplätze, Zeitsprünge, Rückblenden usw.)
Verhältnis Publikum und Bühnengeschehen	Identifikation und Mitfühlen mit dem Helden	kritische Distanz zu den Figuren durch Verfremdung (V-Effekte)
Wirkungsabsicht	moralische Reinigung durch Erregung von Furcht und Mitleid (Katharsis)	Veränderung der gesellschaftlichen Verhältnisse durch im Theater gewonnene Erkenntnis

Inszenierung eines Dramas

Die Inszenierung eines Dramas ist immer auch eine Interpretation (Deutung) des dramatischen Textes, bei der verschiedene Gestaltungselemente ineinandergreifen.

Analyse einer Dramenszene

Folgende Aspekte können bei der schriftlichen Analyse einer Dramenszene eine Rolle spielen:

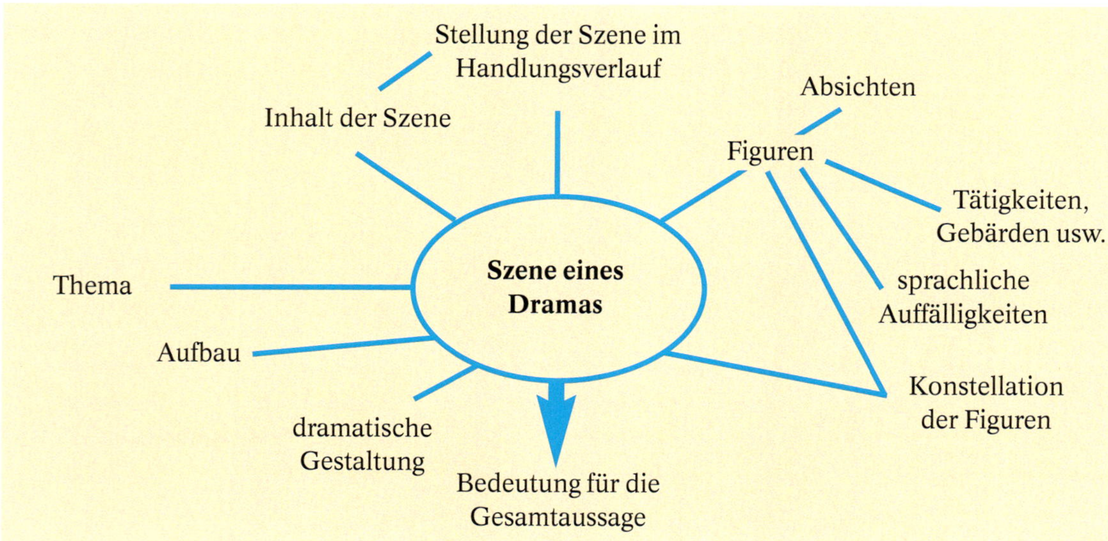

Bei der Ausarbeitung der Untersuchungsergebnisse nennt man in der **Einleitung** Autor/in sowie Titel des Stücks und fasst dessen Inhalt knapp – möglichst in einem Satz – zusammen. Im **Hauptteil** stellt man die Ergebnisse der Analyse dar und belegt sie anhand von Textstellen. Dabei lassen sich die oben aufgeführten Untersuchungsaspekte als Gliederungspunkte nutzen. Am **Schluss** kann man eine kurze wertende Stellungnahme formulieren.

Aufbau	**Merkmale**	**Beispiele**	
A) Einleitung	Angaben zu Titel, Autor/in und Inhalt in einem Satz	Die 8. Szene aus Bertolt Brechts Theaterstück „Mutter Courage und ihre Kinder" handelt von dem Streit zwischen dem Feldprediger und dem Koch um die Gunst der Courage.	
B) Hauptteil	Stellung der Szene im Handlungsverlauf	Dem Streit vorausgegangen ist die Nachricht vom Ende des Krieges, was der Mutter Courage den Boden entzieht ... Die folgende Szene zeigt denn auch Mutter Courage auf dem Tiefpunkt ihrer geschäftlichen Laufbahn.	
	Inhalt und Thema der Szene	Die Nachricht vom „Ausbrechen" des Friedens ruft bei den Figuren unterschiedliche Reaktionen hervor ... Deshalb entscheidet sich Mutter Courage im Eifersuchtsstreit zwischen Koch und Feldwebel für den Koch, weil ... Thema der 8. Szene ist also das zwiespältige Verhältnis der Figuren zum Frieden ...	
	Figuren und ihr Verhältnis zueinander (Textbelege! ▶ Zitieren ▶ Charakterisierung)	Während Mutter Courage ... ist der Feldprediger der Diener der Mächtigen ... Der Koch ist demgegenüber Mutter Courage in seiner Geschäftstüchtigkeit seelenverwandt ...	▶ S. 74 ▶ S. 113, 114
	Dramatische Gestaltung	Die Reaktionen der Figuren zeigen eine verkehrte Welt von Krieg und Frieden. Die Technik der Kontrastierung entlarvt die Hoffnungen der Mutter Courage als Täuschung. Das abschließende Lied verfremdet die gewohnten Vorstellungen in pointierter Kürze ...	
	Bedeutung der Szene für die Aussage des Dramas (Textbelege! ▶ Zitieren)	In der 8. Szene wird also das Thema des Dramas, nämlich der Zusammenhang von Krieg und Geschäft, erneut aufgenommen. Dies zeigt sich darin, dass ...	▶ S. 74
C) Schluss	kurze wertende Stellungnahme	Die 8. Szene verdeutlicht noch einmal sehr gut Brechts marxistische Weltsicht, denn ...	

Wichtige Begriffe zur Dramenanalyse

Akt: Aufzug; Hauptabschnitt eines Dramas, geschlossene Handlungseinheit, die meist aus mehreren Szenen besteht

Dialog: Zwiegespräch zweier oder mehrerer Personen

Exposition: Einführung in Zeit, Ort und Atmosphäre; Vorstellung der Protagonisten (Hauptfiguren) und Anbahnung des dramatischen Konflikts; umfasst im klassischen Drama meist den ersten Akt

Gestik: Haltung und Bewegung des Körpers

Hörspiel: Sonderform des Dramas, das durch die Erfindung des Rundfunks ermöglicht wurde. Das Hörspiel ist einerseits beschränkter als das Bühnenspiel, da es allein auf akustische Mittel angewiesen ist, kann aber andererseits verschiedene technische Möglichkeiten nutzen wie Ein-, Aus-, Überblenden, Montage, Klangeffekte usw.

Inszenierung: Einrichtung und Einstudieren eines Bühnentextes während der Probenzeit und die daraus entstandene Spielfassung für eine bestimmte Bühne

Katastrophe (griech.): „Auflösung", Wendung zum Schlimmen oder auch zum Guten

Komödie: Drama, bei dem die Protagonisten durch menschliche Schwächen in einen Konflikt geraten, der aber eine glückliche Auflösung findet

Kulisse (auch: Prospekt): flache Wand als Rück- oder Seitenwand des Bühnenbildes. Durch Bemalung kann die Illusion einer Landschaft, eines Zimmers usw. erzeugt werden.

Mimik: Gesichtsausdruck

Monolog: Selbstgespräch einer einzelnen Person

Pantomime: Darstellung einer Handlung unter Verzicht auf gesprochene Worte allein mit Gestik, Mimik, Tanz

Peripetie: Wendepunkt; unerwarteter Umschlag der Handlung

Protagonist: Hauptdarsteller

Regie: die eigenverantwortliche Auswahl, Deutung und Einrichtung eines Dramentextes für die Bühne an einem bestimmten Aufführungsort für ein mehr oder weniger gut bekanntes Publikum. Die Hauptverantwortung dafür trägt der Regisseur/die Regisseurin.

Regieanweisung: vom Autor/von der Autorin im Dramentext zusätzlich zu den Rollentexten bereits mitgelieferte Anregungen, wie die Handlung auf einer Bühne eingerichtet werden sollte und welche Haltungen die Schauspieler einnehmen sollten

Requisiten (lat. requisitum): „erforderliches Ding". Requisiten können die Figuren charakterisieren oder wichtige Bedeutungen für den Ablauf der Handlung haben.

retardierendes Moment: Verzögerung der Auflösung der Handlung, um die Spannung zu erhöhen

Souffleuse/Souffleur (franz.): „Einflüsterer", der den Schauspielern während der Proben den Text zuflüstert und während der Aufführungen im Notfall den Text vorsagt

Standbild: besondere Form der Pantomime, bei der Gefühle und Beziehungen zwischen Figuren allein durch Gestik und Mimik zum Ausdruck gebracht werden. Beim Standbild sind die Figuren wie auf einem Foto erstarrt.

Szene (griech.): ursprünglich „Bühne"; heute: kleine Einheit eines Dramas, meist äußerlich begrenzt durch Auf- oder Abgang einer Person

Teichoskopie (griech.): „Mauerschau"; auf der Bühne agierende Figuren berichten über ein Geschehen, das sich außerhalb der Bühne ereignet.

Tragödie: Drama, bei dem der Protagonist in einen dramatischen Konflikt gerät und am Ende scheitert/untergeht

V-Effekt: Verfremdung der dramatischen Handlung, z. B. durch Eingreifen eines kommentierenden Erzählers, Beiseitesprechen der Schauspieler/innen, Unterbrechen der Handlung durch Songs, Verzicht auf illusionsfördernde Bühnenrequisiten

6.4 Produktionsorientierte Verfahrensweisen

Produktionsorientierte Verfahren dienen dazu, ein Textverständnis anzubahnen, ohne sich dem Text dabei zunächst analytisch zu nähern. Dabei kann man in den Text eingreifen, ihn verändern, ergänzen, umschreiben und vieles mehr. Anders als beim ▶**Kreativen Schreiben** ist der selbst verfasste Text nicht das eigentliche Ziel des produktionsorientierten Verfahrens. Vielmehr geht es darum, die eigenen Produkte in Beziehung zum Originaltext zu setzen und auf diesem Weg ein tieferes Textverständnis zu erreichen. ▶ S. 46–49

Beispiele für produktionsorientierte Verfahrensweisen

<table>
<tr><th></th><th>Drama</th><th>Erzählende Literatur</th><th>Lyrik</th></tr>
<tr><td>Perspektivwechsel</td><td></td><td>Veränderung der Erzählperspektive, z. B. Ich-Erzähler zu auktorialem Erzähler</td><td>Einfügen / Weglassen des lyrischen Ichs
Standortwechsel durch Modernisierung alter Texte</td></tr>
<tr><td>Leerstellen / Lücken</td><td>Monolog, Dialog, Selbstgespräch entwerfen
Parallelszenen schreiben
Regieanweisungen ausgestalten
Rollenprofil entwerfen</td><td></td><td>erklärendes Parallelgedicht schreiben
Gedicht zu Prosatext umformen
Fortsetzung schreiben</td></tr>
<tr><td></td><td colspan="2">Gedanken einer Nebenfigur schreiben
Tagebucheintrag
Brief von einer oder an eine Figur
Lebenslauf, Steckbrief von Personen
Interviews</td><td></td></tr>
<tr><td>Gegentexte</td><td colspan="2">anderen Schluss schreiben
Figuren einfügen, die den Handlungsverlauf ändern</td><td>andere Überschriften formulieren
Frühlingsgedicht zu Wintergedicht</td></tr>
<tr><td>Visualisierung</td><td>Standbild</td><td></td><td>Collage
bildliche Darstellung</td></tr>
<tr><td>Bewertung</td><td colspan="2">Rezension
Gerichtsverhandlung</td><td></td></tr>
</table>

6.5 Literaturgeschichte

Die Anfänge der europäischen und deutschen Literatur

um 1200 v. Chr. Eroberung Trojas
776 v. Chr. Olympische Spiele
753 v. Chr. sagenhafte Gründung Roms
27 v. Chr. Alleinherrschaft des Augustus
490–479 v. Chr. Perserkriege
33 n. Chr. Kreuzigung von Jesus Christus in Jerusalem
444–431 v. Chr. Blütezeit Athens unter Perikles
375–568 Völkerwanderungszeit
800 Kaiserkrönung Karls des Großen
1096 1. Kreuzzug
1152–1190 Friedrich Barbarossa Blütezeit der Staufer

Homer: *Ilias* (um 700 v. Chr.)

Aischylos: *Die Perser* (472 v. Chr.)

Hartmann von Aue: *Iwein, Erec* (um 1200 n. Chr.)

Wolfram von Eschenbach: *Parzival* (1200/1210)

Walther von der Vogelweide (um 1170 bis um 1230): *Liebeslyrik, Spruchdichtung*

Als die Menschen ihre Sprache noch nicht aufschreiben konnten, gab es dennoch bereits Dichtung. Sie wurde erzählt oder gesungen. Ihr Gegenstand waren Geschichten vom Anfang der Welt, von Göttern, Helden und deren Taten. Später wurden die mündlich überlieferten Lieder aufgeschrieben und überarbeitet. Es entstand geschriebene Literatur. Die beiden ältesten literarischen Werke Europas sind die *Ilias* und die *Odyssee* des blinden Dichters **Homer** (um 700 v. Chr.). Während die *Ilias* über den Kampf der Griechen und Trojaner um die Stadt Troja erzählt, berichtet die *Odyssee* von den Abenteuern des griechischen Helden Odysseus, der bei seiner Rückkehr nach Ithaka zehn Jahre auf dem Meer umherirrt und zahlreiche Abenteuer bestehen muss. Von der Frühzeit Griechenlands und dem heldenhaften Kampf gegen die Perser handeln auch die Tragödien von **Aischylos**, **Sophokles** und **Euripides**.
Am Anfang der deutschen Literatur stehen ebenfalls Götter- und Heldensagen. Sie erzählen, wie Mut, Tapferkeit, Ehrgefühl, Gerechtigkeitssinn nicht immer zum Sieg führen. Denn ein ungünstiges Schicksal, falsche Freunde, aber auch die eigene Blindheit bringen es mit sich, dass die Heldinnen und Helden oft scheitern.
Ein berühmtes Beispiel ist das *Nibelungenlied*, das im 5. Jahrhundert n. Chr. spielt und um das Jahr 1200 aufgeschrieben worden ist. Es erzählt von Siegfrieds Tod durch die Hand seiner Freunde und von der Rache, die seine Frau Kriemhild dafür an ihren Brüdern nimmt.
Ein häufiges Motiv mittelalterlicher Sagen ist der Kampf des Helden mit dem Drachen. Auch Tristan, der Held des mittelalterlichen Romans *Tristan und Isolde,* muss einen Drachenkampf bestehen. **Gottfried von Straßburg** schrieb seinen Roman zur Zeit der Kreuzzüge um 1210. Die Kreuzzüge bilden auch den zeitgeschichtlichen Hintergrund der Ritterromane von **Hartmann von Aue** und von **Wolfram von Eschenbach**. Immer wieder geht es um die Bewährung im ritterlichen Kampf, um die Erringung von Ansehen und Ehre und die Bestätigung ritterlicher Tugenden (Tapferkeit, Zucht und Maß, Beständigkeit, Treue).
Ritterlicher Herkunft war auch **Walther von der Vogelweide**, der mit seinen Minneliedern und seiner Spruchdichtung zum wichtigsten Wegbereiter der Liebeslyrik und der politischen Lyrik in Deutschland geworden ist.

Sophokles: *Antigone* (442 v. Chr.), *König Ödipus* (vor 425 v. Chr.)
Euripides: *Medea* (431 v. Chr.), *Iphigenie* (412 / 407 v. Chr.)
Aristoteles: Poetik (um 335 v. Chr.)
Hildebrandslied (Ende d. 8. Jhs.)
Otfried von Weißenburg: *Evangelienbuch* (863 / 871)
Hildegard von Bingen (1098–1179): *Lieder*

Frühneuhochdeutsche Literatur und Barockdichtung

1452 Johannes Gutenberg druckt die Bibel
1492 Christoph Kolumbus betritt Amerika
1514 Nikolaus Kopernikus behauptet, die Sonne sei der Mittelpunkt des Alls
1517 95 Thesen Martin Luthers
Beginn der Reformation **1524–1525** Bauernkrieg
1618–1648 Dreißigjähriger Krieg
1643 Ludwig XIV. franz. König: Absolutistische Herrschaft
1642 Rembrandts *Nachtwache*; Renaissance-Künstler: Dürer, Cranach, Riemenschneider
Johann Sebastian Bach (1685–1750): Kunst der Fuge; Georg Friedrich Händel (1685–1759)
1633 Inquisitionsprozess gegen Galileo Galilei (heliozentrisches Weltbild)
1650 erste deutsche Tageszeitung (Leipzig)
1667 Isaac Newton: Differenzial- und Integralrechnung

Mit der Eroberung Konstantinopels durch die Türken (1453), der Entdeckung Amerikas (1492) und der Reformation in Deutschland (ab 1517) beginnt ein neues Zeitalter in Europa. Das Mittelalter ist zu Ende. Ein neues Lebensgefühl durchdringt die Menschen. Man will sich nicht länger politisch und geistig, z. B. durch die Kirche, bevormunden lassen. Wissenschaft und Künste sind Ausdruck dieses neuen Denkens. Die Antike wird zum Vorbild, man fordert die „Wiedergeburt (Renaissance) aus dem Geist der Antike". Der Mensch mit seinen Bedürfnissen tritt ganz in den Mittelpunkt des Interesses.
Kaiser und Papst als höchste Autoritäten halten jedoch an den alten Vorstellungen fest; vor allem die Kirche bekämpft das neue Weltbild des **Nikolaus Kopernikus**, das die Sonne als Mittelpunkt annimmt, sowie **Johannes Gutenbergs** Buchdruck mit beweglichen Buchstaben, weil dieser vielen Gebildeten ermöglichte, Bücher, v. a. die Bibel, zu lesen und sich eine eigene Meinung zu bilden.
Martin Luther, ein junger Mönch in Wittenberg, klagt u. a. in seiner Schrift *Von der Freiheit eines Christenmenschen* über die Missstände in der Kirche und den Machtanspruch des Papstes. Als er 1521 auf dem Reichstag in Worms von Kaiser Karl V. gebannt und für vogelfrei erklärt wird, flieht er auf die Wartburg, wo er mit der vollständigen Übersetzung der Bibel in die deutsche Sprache erstmals eine deutsche „Gemeinsprache" niederschreibt. Mit seinen Kirchenliedern und Fabeln verbreitet Luther seine Vorstellung von einem neuen Christentum.
Die im Zuge der Reformation sich vertiefenden konfessionellen Gegensätze werden im Dreißigjährigen Krieg (1618–1648) mit unvorstellbarer Härte ausgetragen und bedeuten für die Menschen in Mitteleuropa Verwüstungen und Missernten, Seuchen, Hunger und Tod. **Hans Jakob Christoffel von Grimmelshausen** stellt die Schrecken des Krieges in seinem Roman *Die Abenteuer des Simplizissimus Teutsch* als genauer Beobachter der Lebenswirklichkeit dar. Auch für **Andreas Gryphius** ist der Dreißigjährige Krieg die bestimmende Erfahrung, die seine Dichtung prägt: Seine Sonette handeln von der Spannung zwischen Diesseitswahn und Jenseitstrost. Das **Barockzeitalter (1600–1720)** trägt aber auch andere Züge: Die allgegenwärtige Todeserfahrung führt zu einer Lebensgier, die ihren Ausdruck u. a. in Prachtbauten, aufwändigen Theateraufführungen und prächtiger Mode findet.

Johannes von Tepl: *Der Ackermann aus Böhmen* (kurz nach 1400)
Sebastian Brant: *Das Narrenschiff* (1494)
Hans Sachs (1494–1576): *Fastnachtsspiele*
Volksbuch Doktor Faustus (1587)
Martin Opitz: *Buch von der deutschen Poeterey* (1624)

Leonardo da Vinci (1452–1519): *Der Mensch*

Johannes Gutenberg (um 1397–1468)

Erasmus von Rotterdam: *Vom freien Willen* (1524)

Martin Luther: *Bibelübersetzung* (1522–34), *Von der Freiheit eines Christenmenschen* (1520), *Fabeln* (1530)

Hans Jakob Christoffel v. Grimmelshausen: *Die Abenteuer des Simplizissimus Teutsch* (1669)

Andreas Gryphius (1616–1664)

Literatur der Aufklärung und der Empfindsamkeit

1718 Quecksilberthermometer (Fahrenheit) **1738** Spinnmaschine **1754** Eisenwalzwerk
1756–1763: Siebenjähriger Krieg **1776** Unabhängigkeitserklärung der Vereinigten Staaten **1789** Französische Revolution
Friedrich der Große (1740–1786) Joseph II. von Habsburg-Lothringen (1765–1790)
1775 Letzte Hexenverbrennung auf deutschem Boden
Voltaire (1694–1778) Joseph Haydn (1732–1809) Wolfgang Amadeus Mozart (1756–1791)
1768 James Watt: Dampfmaschine **1790** Galvani: Berührungselektrizität
1796 Erfindung der Lithografie

Immanuel Kant (1724–1804)

Jean-Jacques Rousseau (1712–1778)

Gotthold Ephraim Lessing (1729–1781)

Friedrich Gottlieb Klopstock (1724–1803)

Daniel Defoe: *Robinson Crusoe* (1719)

Im **Zeitalter der Aufklärung (1720–1800)** weicht der Vanitas-Gedanke des Barocks (Vergänglichkeit und Nichtigkeit alles Irdischen) dem Vertrauen in den Fortschritt des Menschengeschlechts. Der deutsche Philosoph **Immanuel Kant** stellt die Forderung auf: „Habe Mut, dich deines *eigenen* Verstandes zu bedienen!“ Der Kampf gilt der Bevormundung durch die Kirche und durch absolutistische Herrscher, er wendet sich gegen die mittelalterliche Ständeordnung, die Adel und hohe Geistlichkeit an die Spitze der Gesellschaft stellt, er macht Front gegen Aber- und Hexenglauben und bekämpft Vorurteile gegenüber Individuen und Gruppen.
Vernunft und kritisches Denken, das sich auf die eigenen Erfahrungen und Sinneswahrnehmungen stützt, Toleranz gegenüber Andersdenkenden sowie tugendhaftes, d. h. vernünftiges Handeln sind einige der Prinzipien, die nach Auffassung der Zeit jeder Mensch erlernen kann. Der Philosoph und Pädagoge **Jean-Jacques Rousseau** geht davon aus, dass Menschen von Natur aus gut sind und ihre Anlage zur Menschlichkeit am besten entwickeln, wenn sie ihrer „Natur“ gemäß handeln. Auch die Dichter der Aufklärung wollen ihre Leserinnen und Leser nicht nur erfreuen (delectare), sondern auch belehren und ihnen nützen (prodesse). Nach Auffassung der Aufklärung wird der Mensch erst durch Erziehung zu einem vernünftigen und moralisch handelnden Wesen. Pädagogische und literarische Schriften thematisieren im 18. Jahrhundert die Kindererziehung als wichtige Aufgabe der Familie.
Gotthold Ephraim Lessing hebt in seinen bürgerlichen Trauerspielen die Ständeklausel (Tragödie = Personen hohen Standes, Komödie = Personen niederen Standes) auf. Die Zuschauer sollen sich mit den Figuren identifizieren, um durch die Empfindung von Furcht und Mitleid zu einem menschlichen, tugendhaften Verhalten zu gelangen. Neben Gedichten, Satiren und Romanen erfreut sich die Fabel (Gellert, Hagedorn, Lessing) wegen ihres belehrenden Charakters in der Epoche der Aufklärung großer Beliebtheit.
Doch nicht nur mit den Kräften der Vernunft bekämpft die Aufklärung geistige Bevormundung und politische Unterdrückung, sondern auch mit denen des Gefühls. In der **Zeit der Empfindsamkeit (etwa 1740–1780)** wird die Einseitigkeit einer rein vernünftigen Betrachtung der Welt durch eine aus tiefer Religiosität stammende, vom Gefühl getragene, oft schwärmerische Weltsicht überwunden. **Friedrich Gottlieb Klopstock** schildert z. B. in seiner Lyrik eine bis dahin nicht gekannte, ganz persönliche Begegnung mit der Natur. In Autobiografien und Robinsonaden geht es um Fragen des richtigen menschlichen Verhaltens gegenüber anderen (Humanität).

Friedrich Gottlieb Klopstock: *Der Messias* (1748–73)
Karl Philipp Moritz: *Anton Reiser* (1785/90)
Immanuel Kant: *Kritik der reinen Vernunft* (1781), *Was ist Aufklärung?* (1784)
Gotthold Ephraim Lessing: *Miss Sara Sampson* (1755), *Emilia Galotti* (1772), *Nathan der Weise* (1779)
Christoph Martin Wieland: *Geschichte des Agathon* (1773/94)

Sturm und Drang/Weimarer Klassik

1793 Hinrichtung Ludwigs XVI.
1794 Sturz und Hinrichtung Robespierres
1804 Kaiserkrönung Napoleons I. **1806** Niederlage Preußens bei Jena und Auerstädt
1806 Ende des Heiligen Römischen Reichs Deutscher Nation
1813/15 Befreiungskriege gegen Napoleon **1814/15** Wiener Kongress
Ludwig van Beethoven (1770–1827) **1807** erste Straßenbeleuchtung (London)
1793 Johann Heinrich Voß beendet Homer-Übersetzung **1808** Konversationslexikon von Brockhaus **1810** Universität Berlin

Der **Sturm und Drang (1765–1785)** greift die Tendenzen der Empfindsamkeit auf, steigert sie und betrachtet sich sogar als Gegenbewegung zur Aufklärung. Herz und Gefühl, Individualität und Genie, Originalität und Schöpfertum, Natur und Ursprung zählen mehr als Verstand, Regeln, Konvention und Normen. Die Stürmer und Dränger verehren Homer, Pindar, Klopstock und vor allem Shakespeare. Sie wollen an die unverbildete Sprache der Volkslieder anknüpfen, sie bewundern den jungen Goethe, der mit seinem Briefroman „Die Leiden des jungen Werthers" (1774) den Zeitgeist trifft und geradezu ein Werther-Fieber auslöst. Die Dramen von **Johann Wolfgang Goethe** und **Friedrich Schiller** stellen den Konflikt des Einzelnen mit der gesellschaftlichen Wirklichkeit dar. In den Natur- und Liebesgedichten des Sturm und Drang drückt sich persönliches Erleben aus (Erlebnislyrik).
Die Freundschaft zwischen Goethe und Schiller gilt als Kern der **Weimarer Klassik (1788–1805).** Im allgemeinen Sprachgebrauch verstehen wir den Begriff „klassisch" als gleichbedeutend mit „wertvoll", „mustergültig", manchmal auch „typisch". Der Begriff kann jedoch auch eine Epoche bezeichnen, in der deutschen Literaturgeschichte meint „Klassik" die kurze Zeit der Freundschaft und Zusammenarbeit Goethes und Schillers am Weimarer Hofe des Herzogs Karl August nach Goethes Rückkehr aus Italien (1788) und Schillers Anstellung in Jena/Weimar bis zu seinem Tod (1805).
Die Enttäuschung über den Ausgang der Französischen Revolution, der von Gewalt, Terror und Krieg gekennzeichnet ist, trägt wesentlich dazu bei, dass sich Goethe und Schiller vom Geniekult und der Protesthaltung des Sturm und Drang abwenden. Harmonie und Humanität, Ausgleich und Maß, Menschlichkeit und Toleranz, Einheit von Mensch und Natur, aber auch von Individuum und Gesellschaft sind die neuen Leitideen der Klassik. Die Werke der griechischen Antike gelten als Vorbild. Hier findet man die nach strengen Naturgesetzen durchgeformte Sprache und die metrisch regelmäßig gebauten Verse, denen es nachzueifern gilt. Goethes Schauspiel *Iphigenie auf Tauris* verkörpert in Inhalt und Form die Ideale der „Weimarer Klassik" mustergültig. Goethe selbst nennt die Iphigenie „ganz verteufelt human". Neben vielen klassischen Dramen (wie Schillers *Wilhelm Tell* und *Wallenstein*) entstehen in Weimar auch zahlreiche Balladen (Goethe: *Erlkönig*, *Der Zauberlehrling*; Schiller: *Die Bürgschaft, Die Kraniche des Ibykus*). Drei Jahre nach Schillers Tod erscheint Goethes *Faust I* (1808).

William Shakespeare (1564–1616)

Johann Gottfried Herder: *Volkslieder* (1778/79)

Johann Wolfgang Goethe (1748–1832)

Friedrich Schiller (1759–1805)

Johann Wolfgang Goethe: *Sesenheimer Lieder* (1771), Götz *von Berlichingen* (1773), *Die Leiden des jungen Werthers* (1774), *Iphigenie auf Tauris* (1787), *Egmont* (1791), *Faust I* (1808), *Wilhelm Meisters Lehr- und Wanderjahre* (1795/1821), *Faust II* (1832)
Jakob Michael Reinhold Lenz: *Der Hofmeister* (1774)
Friedrich Schiller: *Die Räuber* (1781), *Kabale und Liebe* (1784), *Wallenstein* (1798/99), *Maria Stuart* (1800), *Die Jungfrau von Orléans* (1801), *Wilhelm Tell* (1804)

Literarische Strömungen im 19. Jahrhundert

1815 Wiener Kongress: Restauration der vorrevolutionären Zustände
1817 Wartburgfest der deutschen Burschenschaften
1819 Karlsbader Beschlüsse: Pressezensur, Auflösung der Burschenschaften, Demagogenverfolgung
1830 Julirevolution in Paris **1832** Hambacher Fest **1844** Weberaufstand in Schlesien
1848 Marx: Kommunistisches Manifest **1848** Revolutionen in Deutschland, Nationalversammlung in der Paulskirche
1870/71 Deutsch-Französischer Krieg: Gründung des Deutschen Reiches, Bismarck Reichskanzler (bis 1890)
1821 Faraday: Elektromotor **1835** Erfindung der Fotografie **1878** Glühlampe

In der Literatur des 19. Jahrhunderts sind mehrere, teilweise parallel verlaufende Strömungen zu beobachten.
Die **romantische Dichtung (1795–1840)** greift Tendenzen der Klassik auf, knüpft aber auch an die Kultur des Gefühls im Sturm und Drang an. Dem realen Alltag wird die Fantasie entgegengestellt, er wird ins Wunderbare verwandelt und „romantisiert“. Die Enttäuschungen nach dem Scheitern der Französischen Revolution und der Wiederherstellung des Absolutismus in Europa, die zerstörten Hoffnungen auf einen freiheitlichen deutschen Nationalstaat durch die Napoleonischen Kriege führen die Romantiker zu einer Flucht aus Gesellschaft und Alltagswelt. Bestimmendes Gefühl ist die Sehnsucht, Sehnsucht nach der Ferne (Italien) oder nach einer Wiederholung des Mittelalters. Den scharfen Umrissen des Tages werden die verschwommenen Konturen der Nacht gegenübergestellt. Fantasie und Traum, das Gespenstische der Natur, das Rauschen der Wälder, das Wandern durch ferne Gebirge und tiefe Täler sind typische Motive romantischer Dichtung. Sie stehen für den Wunsch, die Grenzen des Irdischen zu überschreiten.
Die **realistische Dichtung** des 19. Jahrhunderts lässt sich demgegenüber auf die Nachahmung und Verarbeitung der Wirklichkeit ein und bildet sie entweder harmonisch oder kritisch ab. Die Dichterinnen und Dichter des **Biedermeier (1820 bis 1859)** kennzeichnet die genügsame Selbstbescheidung, die Flucht in das stille Glück und die idyllische Natur angesichts einer im Zeichen der Frühindustrialisierung als bedrohlich empfundenen Außenwelt. Die Schriftsteller/innen des **Vormärz (1830 bis 1848)** kritisieren die politischen und gesellschaftlichen Zustände im Vorfeld der Revolution von 1848. Die Forderungen nach Einheit und Freiheit, nach Emanzipation und Beseitigung krasser sozialer Ungleichheit werden von den Mächtigen der Zeit bekämpft. Bedeutende Vertreter des Vormärz werden verhaftet, des Landes verwiesen oder sie fliehen wie Heinrich Heine ins liberalere Frankreich.
Die Novellen und Romane des **Bürgerlichen Realismus (1848–1890)** richten ihre Sichtweise nach außen, auf Mensch und Gesellschaft. Realistische Autorinnen und Autoren beobachten, zeichnen auf, was sie sehen und hören. Ihr Ziel ist es, ein wahres Bild des Lebens zu entwerfen. Im Gegensatz zum **Naturalismus (1880–1890)**, der z. B. das wirtschaftliche Elend im Zuge der Industrialisierung schonungslos darstellt, meidet der Realismus allzu extreme Seiten der Wirklichkeit oder rückt diese durch Humor in eine abschwächende und besänftigende Distanz.

Novalis: *Heinrich von Ofterdingen* (1802)

Achim v. Arnim und Clemens Brentano: *Des Knaben Wunderhorn* (1806/08)

Joseph von Eichendorff: *Aus dem Leben eines Taugenichts* (1826), *Gedichte*

Georg Büchner: *Der Hessische Landbote* (1834), *Dantons Tod* (1835), *Woyzeck* (1836)

Annette von Droste-Hülshoff: *Die Judenbuche* (1842)

Theodor Fontane: *Effi Briest* (1895), *Unterm Birnbaum* (1885)

Jacob und Wilhelm Grimm: *Kinder- und Hausmärchen* (1812/15)
Heinrich v. Kleist: *Der zerbrochene Krug* (1808/11), *Michael Kohlhaas* (1811), *Prinz von Homburg* (1811/21)
E. T. A. Hoffmann: *Die Elixiere des Teufels* (1815/16)
Heinrich Heine: *Buch der Lieder* (1827), *Deutschland. Ein Wintermärchen* (1844)
Gottfried Keller: *Romeo und Julia auf dem Dorfe* (1856)
Theodor Storm: *Der Schimmelreiter* (1888)
Gerhart Hauptmann: *Die Weber* (1892)

Literarische Strömungen 1890–1933

1890 Abtritt Bismarcks
1914 Beginn des I. Weltkriegs
1917 Oktoberrevolution in Russland
1918 Ende des Ersten Weltkriegs **1919** Versailler Vertrag
1918 allgemeines Wahlrecht für Frauen
1923 Putschversuch Adolf Hitlers scheitert
1929 Börsencrash („Schwarzer Freitag"): Weltwirtschaftskrise
1900 Max Planck: Quantentheorie
1915 Albert Einstein: Allgemeine Relativitätstheorie
1900 Freuds Psychoanalyse **1908** Autos vom Fließband (Ford)
1901 Orthografische Konferenz (Duden) **1909** Arnold Schönberg: Zwölftonmusik **ab 1929** Tonfilme

Als Gegenbewegung zum Naturalismus entwickeln sich um die Jahrhundertwende in **Impressionismus, Symbolismus, Jugendstil, Fin de Siècle** und **Dekadenz** literarische Strömungen, die im Bewusstsein des Untergangs das Geheimnisvoll-Rätselhafte thematisieren, wobei die Dinge häufig mystische Symbolkraft erlangen. Der **Expressionismus (1905–1925)** stellt einen radikalen Bruch mit den traditionellen literarischen Formen und Themen dar, vor allem in Lyrik und Drama. Die gefühlsbetonte Schreibweise, das Aufbrechen grammatischer Strukturen, Wortneuschöpfungen und ausgeprägte Farbsymbolik sind Kennzeichen dieser Texte, die häufig – ähnlich wie in der Malerei – den Menschen in einer Sinn- und Orientierungskrise darstellen. Manche Autoren dieser Zeit entziehen sich auch völlig einer literaturgeschichtlichen Einordnung, wie Franz Kafka.
Die ideologische Zersplitterung der Gesellschaft der **Weimarer Republik (1919 bis 1933)** spiegelt sich auch in einer Polarität der literarischen Strömungen. Die politische Rechte, die das demokratisch-parlamentarische System ablehnt und die sich am Kaiserreich orientiert, knüpft – literarisch gesehen – an die irrationalen und romantischen Bewegungen des 19. Jahrhunderts an. Die politische Linke hingegen ist am Rationalismus und an der Aufklärung orientiert. Sie artikuliert sich in neuen literarischen Zeitschriften und Zeitungen, aber auch im neu entstandenen Funk und Film. Auch das politisch-gesellschaftskritische Kabarett feiert in den Zwanzigern große Erfolge. Der aufklärerische Anspruch kommt vor allem in den großen Gesellschaftsromanen zum Tragen, z. B. in Alfred Döblins *Berlin Alexanderplatz* und Heinrich Manns *Der Untertan*, die auf eine neue Weise das Individuum in Bezug zur Gesellschaft setzen und dabei die Lebensumstände der Moderne kritisieren.
Als Reaktion auf den Expressionismus entwickelt sich in bewusster Nüchternheit der Schreibstile, z. B. in den publizistischen Reportagen Egon Erwin Kischs oder der Gebrauchslyrik Erich Kästners und Bertolt Brechts, die **Neue Sachlichkeit**. Andere Autoren treiben den Expressionismus im **Dadaismus** mit Sprach- und Wortspielen sowie experimentellen Texten auf die Spitze.
Tagespolitische und gesellschaftliche Themen finden sich häufig in der Literatur der Weimarer Republik, vor allem auch das Kriegserlebnis des Ersten Weltkriegs, wie in Erich Maria Remarques *Im Westen nichts Neues*, einem Antikriegsroman, der Weltruhm erlangt.

Rainer Maria Rilke: *Das Stunden-Buch* (1905), *Die Aufzeichnungen des Malte Laurids Brigge* (1910)

Jakob van Hoddis: *Weltende* (1911)

Franz Kafka: *Der Prozess* (1914/15)

Kurt Tucholsky (1890–1935)

Erich Kästner (1899–1974)

Erich Maria Remarque: *Im Westen nichts Neues* (1929, Verfilmung 1930)

Arthur Schnitzler: *Reigen* (1900), *Leutnant Gustl* (1924)
Thomas Mann: *Buddenbrooks* (1901), *Der Tod in Venedig* (1911), *Der Zauberberg* (1924)
Hugo von Hofmannsthal: *Brief des Lord Chandos* (1902)
Robert Musil: *Die Verwirrungen des Zöglings Törleß* (1906)
Else Lasker-Schüler: *Gedichte*
Georg Kaiser: *Gas* (1918)
Heinrich Mann: *Der Untertan* (1918)
Alfred Döblin: *Berlin Alexanderplatz* (1929)

Literarische Strömungen 1933–2000

30.1.1933 Machtantritt Hitlers **1935** „Rassegesetze" Mai **1945** Kriegsende in Europa **1948** UNO-Menschenrechte
1939 Beginn des Zweiten Weltkriegs **August 1945**: Atombombenabwürfe auf Japan **1949** Gründung von BRD und DDR
1942 Wannseekonferenz: Staatliche Judenvernichtung **1961** Mauerbau
1935 Radio („Volksempfänger")
1935 VW-Käfer **1938** Urankernspaltung ab **1952** regelmäßige TV-Sendungen

Bertolt Brecht: *Mutter Courage und ihre Kinder* (1941), *Leben des Galilei* (1943), *Gedichte*

Wolfgang Borchert: *Draußen vor der Tür* (1947)

Paul Celan: *Todesfuge* (1948)

Heinrich Böll: *Ansichten eines Clowns* (1963)

Ingeborg Bachmann: *Gedichte*

Mit dem Machtantritt der Nationalsozialisten im Januar 1933 ändert sich die literarische Landschaft in Deutschland schlagartig. Die Gleichschaltung umfasst schnell auch die Künste und Medien, die Meinungsfreiheit wird beseitigt, die Bücher jüdischer oder regimekritischer Autoren werden verboten und verbrannt, die Autoren selbst teilweise verfolgt, sodass sich viele zur Flucht ins Ausland entschließen und manche sogar aus Verzweiflung Selbstmord begehen (Kurt Tucholsky, Stefan Zweig). Einige Autoren wollen ihren heimatlichen Sprachraum nicht verlassen und gehen in die „innere Emigration" (wie Erich Kästner), weichen auf unpolitischere Themen aus oder üben nur sehr versteckt Kritik. Hunderte von Autoren verlassen Deutschland; auf der Flucht und im Ausland entsteht die **Exilliteratur**, die – bei aller Verschiedenheit – in ihrer Ablehnung des Nationalsozialismus ihren gemeinsamen Kern hat.

Mit dem Kriegsende 1945 beginnt auch literarisch eine neue Zeit, wenngleich man nicht von einer „Stunde Null" reden kann, da viele Autoren auf ihre Zeit im Exil, andere auf die Traditionen der Weimarer Zeit zurückgreifen. Themen der „Trümmerliteratur" sind die konkrete Nachkriegssituation im zerstörten Deutschland (Hunger, Wohnungsnot und Flucht) sowie die deutsche Schuld an Völkermord und Weltkrieg, die v. a. in lyrischen Texten (Günter Eich, Paul Celan) und Kurzprosa (Heinrich Böll, Wolfgang Borchert u. a.) ihren Niederschlag finden. Anfangs bemüht sich die **Gruppe 47**, ein lockerer Zusammenschluss deutschsprachiger Autoren und Autorinnen unter Leitung von H. E. Richter, um eine gesamtdeutsche Literatur, doch mit der staatlichen Teilung Deutschlands entwickeln sich literarische Trends auf beiden Seiten des „Eisernen Vorhangs" unabhängig voneinander.

Klaus Mann: *Mephisto* (1936)
Anna Seghers: *Das siebte Kreuz* (1942)
Max Frisch: *Stiller* (1954), *Biedermann und die Brandstifter* (1958), *Andorra* (1961)
Alfred Andersch: *Sansibar oder Der letzte Grund* (1957)
Friedrich Dürrenmatt: *Der Richter und sein Henker* (1952), *Der Besuch der alten Dame* (1956)
Martin Walser: *Ehen in Philippsburg* (1957)
Günter Grass: *Katz und Maus* (1961), *Die Rättin* (1986)
Siegfried Lenz: *Deutschstunde* (1968)
Gabriele Wohmann: *Kurzgeschichten*
Günter Wallraff: *Reportagen*
Heiner Müller: *Der Lohndrücker* (1957)
Erik Neutsch: *Spur der Steine* (1964)
Franz Fühmann: *Reportagen*
Stefan Heym: *5 Tage im Juni* (1974)
Ulrich Plenzdorf: *Die neuen Leiden des jungen W.* (1972)

1958 Europäische Wirtschaftsgemeinschaft (EWG)
1968 Studentenunruhen in Europa
1985 Gorbatschows Reformkurs
1970 Willy Brandt: Ostpolitik
1989 Friedliche Revolution in der DDR
1976 Ausbürgerung Wolf Biermanns aus der DDR
1990 Deutsche Einheit
1999 Europäische Währungsunion
1952 Struktur des Erbmaterials
1977 Erster PC
ab **1984** Kabelfernsehen
1969 Mondlandung
1999 Klonen menschlicher Zellen

BRD

Ende der **50er-Jahre** erregen die Romane von Günter Grass *Die Blechtrommel* und Heinrich Böll *Billard um halb zehn* internationales Aufsehen und überwinden die damals vorherrschende Tendenz zu unpolitischer Literatur (z. B. Gottfried Benn). Auch die Autoren aus der Schweiz, Max Frisch (Roman: *Homo faber*) und Friedrich Dürrenmatt (Drama: *Die Physiker*), zeigen eine kritische Distanz zur Entwicklung der modernen Gesellschaft. Für die **60er-Jahre** lässt sich insgesamt eine zunehmende Politisierung des literarischen Lebens feststellen, die sich in einem Aufblühen der politischen Lyrik (Erich Fried) und des Essays (Hans Magnus Enzensberger) sowie im politischen Dokumentartheater (Heinar Kipphardt; Rolf Hochhuth) besonders deutlich zeigt.

Der Trend der **70er-Jahre** zur neuen Subjektivität findet sich in Epik (Peter Handke, Martin Walser) ebenso wie in der Lyrik (Rolf Dieter Brinkmann, Karin Kiwus). Die **80er-Jahre** gelten – wie in ganz Europa – als Zeit der Postmoderne, die mit traditionellen Erzählmustern und Motiven spielt und diese variantenreich kombiniert, wie z. B. Patrick Süskind in seinem Roman *Das Parfum*.

DDR

Literatur in der DDR steht im Zeichen der politischen Aufgaben, die sie zu erfüllen hat. Die **Aufbauliteratur der 50er-Jahre** will und soll die Errungenschaften des Sozialismus und den Sieg über den Faschismus darstellen. **Sozialistischer Realismus** meint den Anspruch, über die gesellschaftlichen Realitäten allgemein verständlich zu schreiben. Auf der 1. Bitterfelder Kulturkonferenz 1959 werden die Arbeiter zum Schreiben ermutigt (**Bitterfelder Weg**: „Greif zur Feder, Kumpel“) und Autoren gehen in die Betriebe, um Arbeitswelt und Arbeiter in den Mittelpunkt ihrer Werke rücken zu können. In der **Ankunftsliteratur** seit etwa 1964 finden sich dann schon eher kritische Töne, Literaten messen die gesellschaftliche Realität an den Parolen der Staatspartei (Brigitte Reimann, Christa Wolf, Uwe Johnson). Die mit Honecker einsetzende Liberalisierung endet im Jahr 1976 mit der (Zwangs-) Ausbürgerung Wolf Biermanns, gegen die viele Autoren weltweit protestieren. Wegen der verschärften Bedingungen verlassen über 100 Autoren und Künstler die DDR, darunter: Reiner Kunze, Günter Kunert, Jurek Becker, Monika Maron, Erich Loest, Sarah Kirsch.

Christa Wolf: *Der geteilte Himmel* (1963), *Kassandra* (1983)

Wolf Biermann (*1936)

Peter Handke (*1942)

Sarah Kirsch (*1935)

Zoë Jenny: *Das Blütenstaubzimmer* (1997)

Günter Grass bei der Verleihung des Literaturnobelpreises (1999)

In der Zeit nach 1989/90 beschäftigen sich viele Autoren mit der Vereinigung der beiden deutschen Staaten, z. T. im Rückgriff auf historische Dimensionen, wie Grass in seinem Roman *Ein weites Feld*. Stilistisch gesehen setzt sich in den **90er-Jahren** die Postmoderne fort.

Patrick Süskind: *Das Parfum* (1985)
Robert Schneider: *Schlafes Bruder* (1992)
Marcel Beyer: *Flughunde* (1995)
Bernhard Schlink: *Der Vorleser* (1995)

6.6 Sachtexte

Sachtexte unterscheiden sich von literarischen Texten dadurch, dass sie vorwiegend informierenden (z. B. Zeitungstexte) oder appellierenden Charakter (z. B. Reden) haben.

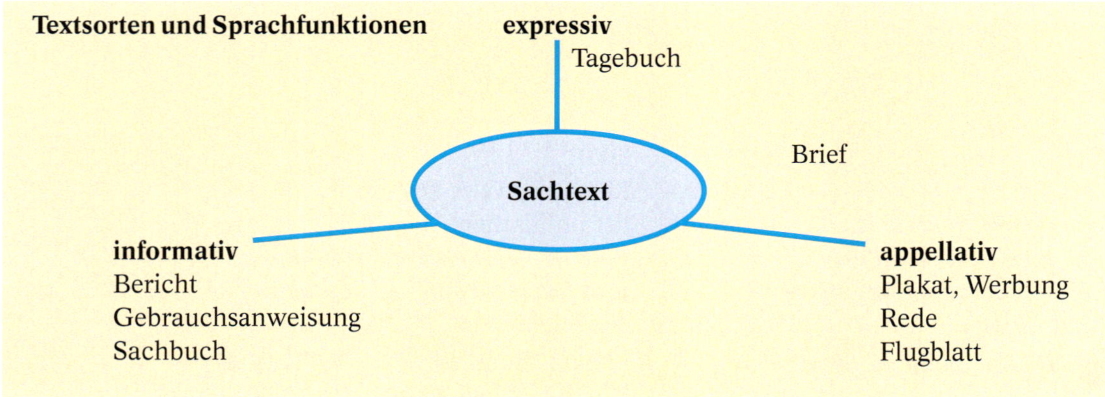

Analyse von Reden

Reden sind appellative Texte, die die Zuhörer/innen auf vielfältige Weise zu beeinflussen suchen. Bei der Analyse solcher Texte sollte man unter anderem auf folgende Punkte achten:

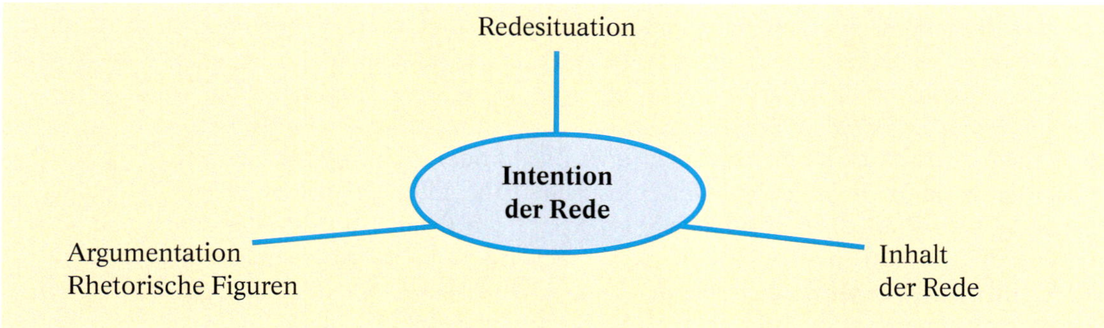

Redesituation

- Gibt es einen besonderen Anlass für die Rede?
- An welchem Ort wird die Rede gehalten?
- In welchem Verhältnis steht der Redner/die Rednerin zum Publikum?

Inhalt

- Was ist der Gegenstand der Rede?
- Was sind die Hauptaussagen der Rede?

Argumentation

- ▶ S. 37 Welche ▶Thesen enthält die Rede?
- ▶ S. 37 Wie werden die Thesen/▶Argumente gestützt und durch Beispiele, Belege, Zitate untermauert?
- Liegt eine Scheinargumentation vor, die logische Zusammenhänge nur vortäuscht und mit Vorurteilen arbeitet?

Christa Wolf auf dem Ost-Berliner Alexanderplatz (4. 11. 1989)

Intention der Rede
- Welche Wirkung soll die Rede erzielen?
- Welche Positionen oder Personen werden auf- oder abgewertet?
- Will der Redner/die Rednerin das Publikum beschwichtigen oder vereinnahmen?

Rhetorische Figuren
- Welche rhetorischen Figuren werden eingesetzt?
- Welche Funktion haben die verwendeten rhetorischen Figuren?

Rhetorische Figur	Definition	Beispiel
Akkumulation, die	Reihung von Begriffen zu einem – genannten oder nicht genannten – Oberbegriff	*Nenn's Glück! Herz! Liebe! Gott!*
Allegorie, die	konkrete Darstellung abstrakter Begriffe, oft durch ▶ Personifikation	*Gott Amor* für *Liebe*
Alliteration, die	Wiederholung der Anfangsbuchstaben bei Wörtern	*Milch macht müde Männer munter.*
Anapher, die	Wiederholung eines oder mehrerer Wörter an Satz- oder Versanfängen	*Er schaut nicht die Felsenriffe/ Er schaut nur hinauf ...*
Antithese, die	Entgegenstellung von Gedanken oder Begriffen	*Nicht du/um der Liebe willen/ sondern/um deinetwillen/ die Liebe*
Apostrophe, die	feierliche oder betonte Anrede, Anruf	*Du schönste Wunderblume süßer Frauen!*
Chiasmus, der	symmetrische Überkreuzstellung von semantisch oder syntaktisch einander entsprechenden Satzgliedern	*Ich schlafe am Tag, in der Nacht wache ich.*
Ellipse, die	unvollständiger Satz, Auslassung eines Satzgliedes/Wortes, das leicht ergänzbar ist	*Je früher der Abschied, desto kürzer die Qual.*
Euphemismus, der	Beschönigung	*vollschlank* statt *dick*
Hyperbel, die	starke Übertreibung	*ein Meer von Tränen*
Inversion, die	Umkehrung der geläufigen Wortstellung im Satz	*Der Schultern warmer Schnee wird werden kalter Sand.*
Ironie, die	unwahre Behauptung, die erkennen lässt, dass das Gegenteil gemeint ist	*Das hast du ja wieder mal toll hinbekommen!*

▶ S. 144

Rhetorische Figur	Definition	Beispiel
Klimax, die	dreigliedrige Steigerung	*Veni, vidi, vici (Ich kam, sah und siegte.)*
Metapher, die	Bedeutungsübertragung; sprachliche Verknüpfung zweier semantischer Bereiche, die gewöhnlich unverbunden sind	*Der Verstand ist ein Messer in uns.*
Metonymie, die	Ersetzung eines gebräuchlichen Wortes durch ein anderes, das zu ihm in unmittelbarer Beziehung steht, z. B. Autor für Werk, Gefäß für Inhalt, Ort für Person	*Das Weiße Haus macht wieder einmal Schlagzeilen.*
Neologismus, der	Wortneuschöpfung	*Berufsjugendlicher, Nebelspinne*
Onomatopoesie, die	Lautmalerei	*schnattattattattattattattattern; zutschen und nuckeln und lutschen*
Paradoxon, das	Scheinwiderspruch	*Vor lauter Individualismus tragen sie Uniform.*
Parallelismus, der	Wiederholung gleicher syntaktischer Fügungen	*Das Schiffchen fliegt, der Webstuhl kracht.*
▶ S. 143 **Personifikation,** die	Vermenschlichung (▶Allegorie)	*Vater Staat, Mutter Natur*
Rhetorische Frage, die	Scheinfrage, bei der jeder schon die Antwort kennt	*Wer ist schon perfekt?*
Symbol, das	Sinnbild, das über sich hinaus auf etwas Allgemeines verweist; meist ein konkreter Gegenstand, in dem ein allgemeiner Sinnzusammenhang deutlich wird	*Taube* als Symbol des Friedens, *Ring* als Symbol der Treue und Ewigkeit
Tautologie, die	Wiederholung eines Begriffs bzw. Ersetzung durch ein sinnverwandtes Wort („Zwillingsformeln“)	*Es ist, was es ist; nie und nimmer; in Reih und Glied*
Vergleich, der	Verknüpfung zweier Bedeutungsbereiche durch Hervorheben des Gemeinsamen	*Achill ist stark wie ein Löwe.*

Vortragsweise

Das Gelingen des Vortrags einer Rede (oder auch eines ▶ Referates) hängt zu einem nicht unerheblichen Teil von der Redetechnik ab. Besonders zu beachten sind die Bereiche Stimmführung, Blickkontakt, Körperhaltung, Gestik und Mimik.

▶ S. 19–21

- Die **Stimmführung** muss klar verständlich sein und abwechslungsreich in Lautstärke, Betonung und Geschwindigkeit.
- Der **Blickkontakt** mit dem Publikum ist wichtig, um eine enge Bindung an den Redner oder die Rednerin herzustellen. Zugleich ist es dadurch möglich, die Reaktionen des Publikums unmittelbar zu erfahren und eventuell sogar darauf zu reagieren.
- Die **Körperhaltung** sagt viel über die Glaubwürdigkeit des Redners oder der Rednerin aus. Ein sicherer Stand auf beiden Beinen wirkt überzeugender als eine Haltung, die erkennen lässt, dass man am liebsten nichts sagen würde.
- **Gestik** und **Mimik** unterstreichen die Worte des Redners oder der Rednerin. Sie sorgen für Abwechslung, Orientierung (Zeigegesten) und Veranschaulichung.

Ungünstige Körperhaltung: vom Publikum abgewandt

Gute Körperhaltung: offen dem Publikum zugewandt

Zeitungstexte

Die Zeitung (von mittelhochdeutsch *tiding* = Nachricht, Botschaft) ist durch folgende Merkmale gekennzeichnet:

- Zeitnähe (Aktualität)
- regelmäßiges Erscheinen (Periodizität)
- öffentliche Zugänglichkeit (Publizität) und
- inhaltliche Vielfalt (Universalität)

▶ S. 147 Zeitungstexte vermitteln **Information** (z. B. ▶Nachricht) und **Meinung** (z. B. ▶Kommentar). Man unterscheidet zwischen:

Tageszeitung	**Wochenzeitung**
erscheint täglich	erscheint wöchentlich
regionale Zeitung	**überregionale Zeitung**
wird nur in einer bestimmten Gegend vertrieben	wird in der ganzen Bundesrepublik vertrieben
Boulevardzeitung	**Abonnementzeitung**
ist nur am Kiosk zu erwerben	kann man sich nach Hause zustellen lassen

Textsorten in einer Zeitung

Textsorte	Merkmale/Definition
▶ S. 147 **Bericht**	umfangreichere ▶Nachricht
Essay	Im Französischen heißt *essayer* versuchen. Der Essay-Schreiber versucht, seine Gedankenexperimente schriftlich festzuhalten. Dem Essay kommt es nicht auf wissenschaftlich genaue Analysen oder strenge Systematik der Gedankenführung an, er will zum Denken anregen, oft provozieren. Die manchmal sprunghafte Reihung subjektiver Assoziationen und das Spiel mit der Sprache charakterisieren den Essay. Dabei werden verschiedene argumentative Strategien und ▶**rhetorische Mittel** (▶ S. 143–144) genutzt, sprachlich und stilistisch werden alle Möglichkeiten ausgeschöpft. Man kann den Essay als eine freie Form des ▶**Erörterns** (▶ S. 40–45) betrachten.
Glosse	Kurzkommentar in witziger, oft auch polemischer Form
Informationsmodule	Eine Neuerung in der aktuellen Presse ist die Art der Aufteilung von Themen. Die Leser/innen werden nicht mehr mit langen Berichten konfrontiert, bei denen sie Zeit und Mühe aufwenden müssten, um sich einzulesen. Vielmehr wird ein komplexer Sachverhalt auf verschiedene Texte, Grafiken und Bilder aufgeteilt, auf Informationsbausteine oder -module. So kann man an einer Stelle einsteigen und – bei Interesse – an anderer Stelle weiterlesen. Leser/innen werden dadurch zur Eigenaktivität beim Lesen angeregt; Visualisierungen sind Anreiz und Merkhilfe zugleich.

Textsorte	Merkmale/Definition
Kommentar	Kommentare sind subjektive, wertende Texte, die aus einer bestimmten Perspektive geschrieben sind. Fakten werden bewertet, Vorgänge problematisiert, manchmal Hintergründe und Zusammenhänge erläutert.
Leserbrief	Leserbriefe nehmen in der Regel auf vorangegangene Presseartikel Bezug. Sie sind meist wertend und geben die subjektive Sicht der Schreibenden wieder. **Tipps für das Verfassen von Leserbriefen:** klarer Bezug, korrektes Zitieren, klares Ziel, klarer Standpunkt, gute Argumente, kurzer Text, Überarbeitung
Nachricht	Der Nachrichtenstil ist geprägt durch die Beschränkung auf Fakten und Vorgänge sowie das Bemühen um Objektivität, mit dem man den Tatsachen unvoreingenommen und unparteiisch gerecht werden will. Nachrichten sind meist im **Lead-Stil** (engl. *lead* = Spitzenstellung) aufgebaut: Die wichtigsten Informationen stehen am Textanfang, ehe eine zusammenhängende Darstellung mit Details folgt.
Reportage	Reportagen informieren in besonders lebendiger und anschaulicher Weise über Ereignisse; dabei kann auch das persönliche Erleben der Reporterin/des Reporters deutlich werden. Reportagen versuchen Atmosphäre einzufangen und führen mitten in ein Geschehen. Leserinnen und Leser sollen gedanklich und emotional in das Geschilderte hineingezogen werden. Jede Reportage bietet die • **Darstellung eines Erlebnisses**, z. B. den Besuch einer Veranstaltung, • **Hintergrundinformationen**, in denen der Reporter sein Hintergrundwissen leserfreundlich darstellt, und einen • **Kommentar,** das heißt, der Reporter äußert seine Einschätzung der Veranstaltung. Diese drei Bereiche sind bei längeren Reportagen häufig vermischt. Eine spezielle Form der Reportage ist die **Sozialreportage**, die über wichtige soziale Probleme informiert und diese kommentiert und kritisiert. Diese kritische Sicht geht oft bis zur Parteilichkeit, mit der Interessen der Benachteiligten, Minderheiten oder Unterdrückten herausgestellt und Unmenschlichkeit entlarvt werden. Doch auch das Schöne oder einfach nur Alltägliche eines gesellschaftlichen Bereichs kann vermittelt werden.

Ressorts/Sparten

Schon auf der ▸Titelseite einer Zeitung begegnen der Leserschaft die wichtigsten Ressorts oder Sparten: Politik, Wirtschaft, Kultur, Sport, Lokales, vermischte Meldungen, aus aller Welt, Fernsehen, Anzeigen, Wetter und besondere, täglich wechselnde Rubriken (wie Verkehr, Mode, Hochschule u. a.). Die einzelnen Ressorts haben meist feste Plätze/Seitenzahlen im Innenteil der Zeitung, sodass man den Bereich, für den man sich interessiert, schnell finden kann. ▸ S. 148

① Zeitungskopf

Kölner Stadt-Anzeiger

KÖLNISCHE ZEITUNG

UNABHÄNGIG · SEIT 1802 · ÜBERPARTEILICH

Köln, Dienstag, 2. September 1997 *** G 4239 · Ausgabe BG · Nr. 203 · DM 1,30

② Blickfang

Ein Blumenmeer umgab den Buckingham Palace, die Residenz der Königin in London. Tausende Trauernder und Neugieriger hatten sich im Gedenken an die „Prinzessin des Herzens" eingefunden. (Bild: dpa)

③ Aufmacher

Dianas Fahrer war betrunken

Inoffiziell 1,75 Promille – Tacho blieb auf 196 km/h stehen
Trauerfeier für die Prinzessin in der Westminster Abbey

Paris/London – Der Fahrer des Wagens, in dem Prinzessin Diana und ihr Begleiter Dodi al Fayed tödlich verunglückten, war betrunken. Das teilte die Pariser Staatsanwaltschaft am Montag mit.

⑦ Querverweise

Nach inoffiziellen Angaben aus der Ermittlungsbehörde fuhr er mit 1,75 Promille im Blut. Offiziell hieß es, die Blutprobe des bei dem Unfall ebenfalls getöteten Chauffeurs habe einen „strafbaren Alkoholgehalt" ergeben. In Frankreich gilt die 0,5-Promille-Grenze.

Weiteren Aufschluss über den Unfallhergang erhofft sich die Staatsanwaltschaft von dem Leibwächter der Prinzessin, der in der Nacht zu Sonntag als einziger der vier Wageninsassen schwer verletzt überlebte, als der Mercedes 600 gegen einen Betonpfeiler raste. Bei dem Chauffeur handelte es sich um den stellvertretenden Sicherheitschef des Hotels Ritz, wo das Paar zuvor diniert hatte. Er soll an von Mercedes organisierten Fahrkursen teilgenommen haben. Der Tacho des Unglückswagens blieb auf 196 km/h stehen.

Für Diana wird es am Samstag in Westminster Abbey, der Krönungskirche der britischen Monarchen in London, zwar kein Staatsbegräbnis, aber eine „königliche" Trauerfeier geben. „Es wird eine Beerdigung einmaliger Art für eine einmalige Persönlichkeit", erläuterte eine Sprecherin des britischen Königshauses am Montag. Die Zeremonie soll live vom ZDF übertragen werden. Die Prinzessin von Wales wird anschließend in der Familiengruft der Spencers in der mittelenglischen Grafschaft Northamptonshire zur letzten Ruhe gebettet werden. Bis zur Beisetzung werden die Flaggen auf allen öffentlichen Gebäuden Großbritanniens auf halbmast wehen.

In Paris setzte die Kriminalpolizei unterdessen die Verhöre der sieben Sensationsfotografen fort, die dem Auto Dianas gefolgt waren. Die Staatsanwaltschaft stellte in Aussicht, ein Ermittlungsverfahren zu eröffnen, möglicherweise wegen unterlassener Hilfeleistung. Frankreichs Innenminister Chèvenement forderte zu einer „sehr vorsichtigen" Beurteilung der Frage auf, wer für den Unfall verantwortlich sei. Die Fotoreporter seien auf Motorrädern etwa 100 Meter hinter Dianas Limousine gefahren, als diese mit sehr hoher Geschwindigkeit in den Seine-Tunnel gerast war, wo sie gegen einen Pfeiler prallte und sich mehrfach überschlug. Der Vater Dodis, Mohammed al Fayed, verlangte ein Ermittlungsverfahren wegen fahrlässiger Tötung gegen die Paparazzi.

Tausende von Briten und Touristen standen am Montag Schlange, um sich in vier Kondolenzbücher einzutragen, die im St.-James's-Palast auslagen, wohin Prinz Charles den Sarg mit seiner toten geschiedenen Frau hatte bringen lassen. Vor dem Buckingham-Palast und vor dem Kensington-Palast, der letzten Wohnung von Diana, wurde das Meer von Blumengrüßen immer größer.

Als Reaktion auf die Umstände des Todes von Diana begann in vielen Ländern eine öffentliche Diskussion über den Sensationsjournalismus und die Möglichkeiten der Verstärkung des Persönlichkeitsschutzes. Journalistenorganisationen und Politiker in Deutschland verlangten eine neue Debatte über die Selbstverantwortung der Medien. Presserat, Mediengewerkschaften und Verlegerverband warnten aber zugleich vor pauschalen Urteilen über Journalisten und lehnten schärfere Gesetze ab. (dpa, rtr)

ZU DIANAS TOD

Seite 2: Noblesse statt Etikette Kommentar)

Das Leben der Prinzessin erinnert an eine griechische Tragödie (Pressestimmen)

Seite 3: Kein Salut für Diana – England trauert, das Protokoll windet sich: Wie begräbt man eine moderne Heilige?

Symbol der Hoffnung: Das Königreich blickt auf Prinz William

Seite 4: Tod im Blitzgewitter
Zeugen berichten über unglaubliche Szenen am Unfallort

Freiheit ohne Grenzen? Die Diskussion um schärfere Pressegesetze

Prominente und ihr Recht aufs eigene Bild
Paparazzi: Immer auf der Jagd nach Sensationen
Die Sehnsucht nach den schönen Reichen

Kölner Lokalteil: „Wir lagen ihr am Herzen" – Beileidskarte der Kölner Aids-Hilfe

Kultur: Die Zeit ist reif für den Mythos

Fernsehen: Tranige TV-Sondersendungen

Jelzin: Beziehung zu Bonn vorrangig

Roman Herzog besucht Moskau als erster Präsident des vereinigten Deutschland

Moskau – Der russische Präsident Boris Jelzin und Bundespräsident Roman Herzog haben gestern die besondere deutsch-russische Partnerschaft hervorgehoben. Zu Beginn des ersten Staatsbesuchs eines Bundespräsidenten in Russland nach der deutschen Wiedervereinigung bezeichnete Jelzin die Beziehungen zu Bonn als die „vorrangigste unter den vorrangigen". Auch mit Hinweis auf den Streit um die „Beutekunst" aus dem Zweiten Weltkrieg sagte Jelzin, es gebe keine unlösbaren Probleme zwischen beiden Ländern.

Bei einem Staatsbankett im Georgssaal des Kreml sagte Jelzin: „Wir sind auf dem Weg zu einer endgültigen historischen Versöhnung." Kardinale Fragen in Europa könnten nicht ohne Russland oder gegen dessen Interessen gelöst werden. Herzog sagte, „Europa und besonders Deutschland brauchen Russland". Beide Völker sollten in Partnerschaft „im gemeinsamen europäischen Haus den Weg ins 21. Jahrhundert gehen."

Die Absicht des Abgeordnetenhauses (Duma), Herzog am Mittwoch für eine Rede nicht das Plenum, sondern lediglich einen Nebenraum zur Verfügung zu stellen, wurde von deutscher Seite nicht als Eklat gewertet. An der Entscheidung sei nichts Spektakuläres, sagte Außenminister Kinkel.

Die Kommunisten hatten sich einem Zeitungsbericht zufolge geweigert, Herzog wegen des Urteils gegen den letzten DDR-Staats- und Parteichef Egon Krenz vor der gesamten Duma sprechen zu lassen. Kommunisten-Chef Gennadi Sjuganow wies zwar am Montag noch einmal auf den Protest der Kommunisten gegen das Krenz-Urteil hin; er stellte aber keinen Zusammenhang zu dem Duma-Auftritt Herzogs her.

Jelzin und Herzog sprachen auch über die Ausreise der Russlanddeutschen. Beide Länder sind an ihrem Verbleib interessiert. Herzog sagte, er habe darauf verwiesen, dass die Religionsausübung bei Ausreise-Entscheidungen eine wichtige Rolle spiele. Dem neuen russischen Religionsgesetz zufolge sollten nur der russisch-orthodoxe, der jüdische, der islamische und der buddhistische Glauben unter den besonderen Schutz des Staates gestellt werden. Die katholische und die protestantische Religion, der sich viele Deutsche in Russland verbunden fühlen, gehörten nicht dazu. Auf Anordnung Jelzins wird diese Regelung derzeit überarbeitet. (rtr, dpa)

Bundespräsident Roman Herzog auf dem Balkon seines Hotels in Moskau, mit Blick auf die Kreml-Mauer. (Bild: dpa)

④ Spitzenmeldung („Eckenbrüller")

Skandal um Fleisch noch größer

NRW fordert Verbot des Exports auch aus Irland

Düsseldorf – Der neueste Fleischskandal wird immer größer: In NRW wurden am Montag weitere 40 Tonnen bereits zu Wurst verarbeitetes verdächtiges Rindfleisch sichergestellt. Zuvor waren bereits 60 Tonnen beschlagnahmt worden. NRW-Umweltministerin Bärbel Höhn (Grüne) forderte ein Exportverbot für britisches Rindfleisch auch aus der Republik Irland. Die Grenze zwischen Irland und dem zu Großbritannien gehörenden Nordirland werde vermutlich als Umweg benutzt, um das im Frühjahr 1996 von der EU verhängte Ausfuhrverbot wegen des Rinderwahnsinns BSE zu umgehen, hieß es. (dpa)

▷ Bericht auf Panorama

Kölner Messe ist zuversichtlich für die Zukunft

Köln – Das Kölner Messejahr 1996 „war geprägt von den Sorgen vor allem unserer deutschen Kunden über die anhaltende, sich sogar noch steigernde Zurückhaltung des privaten Verbrauchs", sagte Kölns Messechef Dieter Ebert. Erstmals ging die Zahl der Teilnehmer aus dem Inland zurück. Dennoch stieg der Umsatz gegenüber dem vom Programm her vergleichbaren Jahr 1994 um acht Prozent auf 350 Millionen Mark. 1997 sollen der Umsatz auf rund 400 Millionen und der Gewinn auf zehn bis zwölf (Vorjahr neun) Millionen Mark zulegen. (wif)

▷ Bericht im Wirtschaftsteil

⑤ Kurzmeldungen

Einigung über Ostförderung

Düsseldorf – Der Bund und die neuen Länder haben ihren Streit über die Fördermittel für Ostdeutschland beigelegt. Bundeswirtschaftsminister Günter Rexrodt (FDP) und seine Ost-Kollegen vereinbarten, dass die Länder 1997 und 1998 auf Bundesmittel von 200 Millionen Mark verzichten, der Bund wird noch fehlende Mittel von 509 Millionen Mark zeitlich gestreckt bis 2001 zahlen. Die SPD forderte unterdessen grundlegende Änderungen. (rtr)

▷ Bericht auf Seite 5

Spitzen von SPD und FDP billigen Lauschangriff

Kompromiss soll erfolgreicheren Kampf gegen organisierte Kriminalität ermöglichen

Bonn – Die Präsidien von SPD und FDP haben dem von einer Expertengruppe ausgehandelten Vorschlag für den „Großen Lauschangriff" zugestimmt. Der Kompromiss, so die SPD, ermögliche ein wirksameres Vorgehen zur Bekämpfung der organisierten Kriminalität. Der SPD-Delegation unter Führung des Abgeordneten Otto Schily sei es gelungen, verbesserte Maßnahmen zum Zugriff auf kriminell erworbenes Vermögen durchzusetzen. Diese Vorschriften müssten jetzt nach praktischen Erfahrungen weiterentwickelt werden bis hin zur Umkehr der Beweislast, das heißt, der Beschuldigte muss seine Unschuld beweisen. (gmw/my)

▷ Leitartikel auf Seite 2

⑥ Inhaltsleiste mit Anreißermeldungen zu verschiedenen Sparten (Ressorts)

Sachtexte erschließen

Die folgenden Verfahren zur Erschließung von Sachtexten können je nach Textsorte und Zweck der Untersuchung alternativ oder in Kombination ausgewählt werden:

- **Texte paraphrasieren:** Einen schwierigen Text in eine verständlichere Sprache übersetzen, um den Inhalt z. B. jüngeren Lesern zu vermitteln.
- **Texte gliedern:** Einen Text in Abschnitte gliedern, z. B. nach den erkennbaren Teilthemen; dazu Zwischentitel formulieren.
- **Konspekte anlegen:** Eine grafische Übersicht über den Gedankengang eines Textes in der Form eines Verlaufsdiagramms entwickeln, das den gedanklichen Ablauf zeigt, oder in der Form eines Strukturdiagramms, das mit Pfeilen die gedanklichen Bezüge vermittelt.
- **Informationen aus Texten herausschreiben** (exzerpieren): Aus einem längeren Text zentrale Fakten, den Standpunkt und die Hauptargumente übersichtlich auf einer Seite herausschreiben.
- **Grafiken in Text übersetzen – und umgekehrt:** Die Informationen einer Grafik/Statistik in einen beschreibenden und erklärenden Text umsetzen: Thema, Fragestellung, Gesamtinformation, Tendenzen, Mittel- und Extremwerte, Details, Ausdruckswert der grafischen Form (Säulen-, Torten-, Kurvendiagramm, Tabelle) usw.
- **Sprachfunktionen erkennen:** Mit folgenden Fragen einen Text prüfen: Wo handelt es sich um Darstellung von Sachverhalten (Information), wo um Ausdruck persönlicher Empfindungen (Expression), wo um Aufforderung zum Handeln (Appell)?
- **Resümee ziehen:** Das Ergebnis der Lektüre eines Textes in einem kurzen informierenden Text niederschreiben.
- **Sachtexte kritisch lesen:** In Texten neben den Sachinformationen die Teile des Kommentars und der Kritik der Autorinnen oder Autoren unterscheiden. Sie sind an Wertungen zu erkennen und an Stellen, aus denen man ihren Standpunkt dem Problem gegenüber erschließen kann.
- **Sprachkritisch lesen:** Den Umgang mit der Sprache in Sachtexten prüfen, d. h. die Verwendung von Aufwertungen, Abwertungen, Euphemismen, Konnotationen, Klischees usw. untersuchen. Die erkennbare Tendenz erschließen.
- **Stellung nehmen und werten:** Einen Ansatz zur Diskussion in Texten finden und aus der eigenen Perspektive und subjektiven Wertung eine Stellungnahme verfassen, in der man den eigenen Standpunkt mit Argumenten und Fakten untermauert.

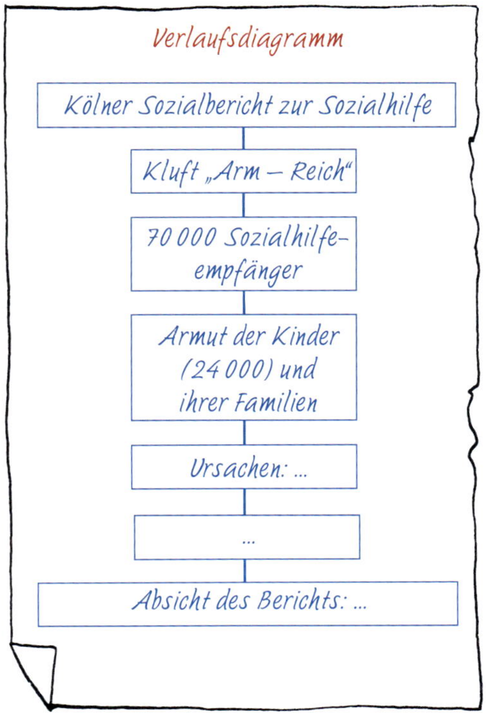

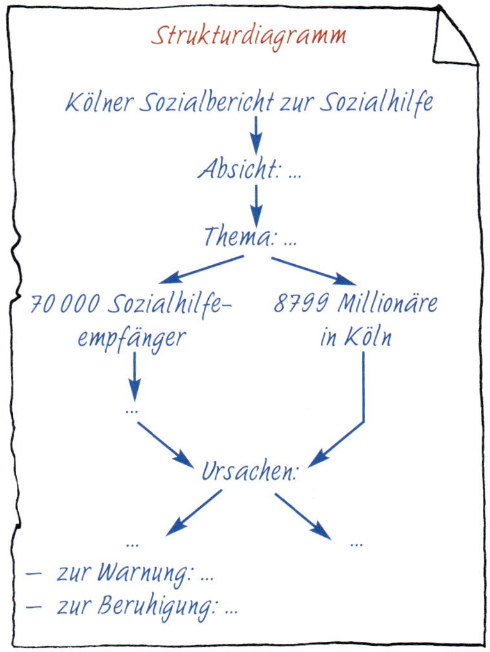

Leitfragen zur Erschließung von Sachtexten

Bereich	Fragen
Inhalt und Aufbau	• Welche unbekannten Wörter müssen mit Hilfe eines Lexikons geklärt werden? • Welche Schlüsselwörter sollen markiert werden? • In welche Sinnabschnitte lässt sich der Text gliedern? • Mit welchen Überschriften kann man den Inhalt der Abschnitte zusammenfassen? • Wie lässt sich die Textstruktur in einem Schaubild zusammenfassen?
Argumentation	• Welche ▶Thesen stellt der Verfasser/die Verfasserin auf? ▶ S. 37 • Mit welchen ▶Argumenten werden die Thesen gestützt, mit welchen Beispielen, Belegen, Zitaten abgesichert? ▶ S. 37 • Liegt eine Scheinargumentation vor, die logische Zusammenhänge nur vortäuscht und mit Vorurteilen arbeitet?
Sprache	• Welcher Wortschatz prägt den Text (z. B. Umgangssprache, Fachausdrücke ...)? • Welche ▶rhetorischen Mittel, Metaphern usw. werden mit welcher Funktion verwendet? ▶ S. 143–144 • Welche Art von Sätzen überwiegt (z. B. Reihung einfacher Hauptsätze oder Satzgefüge mit bestimmten Nebensatzarten)?
grafische Gestaltung	• Illustrieren die Abbildungen nur oder erklären sie genauer, was der Text nicht darstellt? • Wäre eine andere Art von Abbildung sinnvoll?

Schriftliche Analyse eines Sachtextes

Aufbau	Merkmale	Beispielformulierungen
A) Einleitung	Angabe zu Titel, Erscheinungsort und -termin, Textsorte, Thema	*Der Bericht „Lärm-Urteil setzt neue Maßstäbe" aus der „Kölnischen Rundschau" vom ... stellt im Wesentlichen ein Urteil des Kölner Verwaltungsgerichts dar, welches weit reichende Konsequenzen für viele Großveranstaltungen haben dürfte.*
B) Hauptteil	Analyse von Inhalt, Art der Darstellung, Wertungen usw.	
Inhalt und Aufbau	Angaben zu gedanklichem Aufbau und inhaltlichen Schwerpunkten	*Der Artikel stellt zunächst die Bedeutung des Gerichtsurteils heraus, erklärt in einem zweiten Schritt die Einzelheiten des Richterspruchs, lässt dann verschiedene Betroffene und Sachverständige zu Wort kommen und schließt mit ...*
Argumentation	Darstellung der wichtigsten Thesen und Argumente in ihrem gedanklichen Zusammenhang (Textbelege! ▶Zitieren)	*Der Verfasser nennt seine Kernthese gleich im ersten Satz: „..." (Z. ...)* *Er stützt seine Behauptung im Folgenden durch ...* *Als Belege für die Richtigkeit der Aussage des Amtsleiters führt der Verfasser ... an.*
Sprache	Angabe zur Sprachgestaltung, zu sprachlichen Auffälligkeiten usw. (Textbelege! ▶Zitieren)	*Der Artikel ist leicht verständlich, woraus sich schließen lässt, dass ...* *Die komplizierten Fachfragen, z. B. ..., werden vereinfacht dargestellt, sodass ...* *Auffällig häufig sind Formen der Redewiedergabe ...* *Der Autor sichert also seine Aussagen durch ... ab.*
grafische Gestaltung	Angaben zur äußeren Gestaltung des Artikels	*Die Überschrift des fünfspaltigen Artikels nennt informativ den Kern des Textes, ohne reißerisch zu wirken.* *Das Foto des Amtsleiters hat kaum Informationsgehalt, soll aber wohl ...* *Auf eine grafische Umsetzung des Zahlenmaterials wurde verzichtet, obwohl ...*
C) Schluss	Fazit der Analyse und evtl. kurze Bewertung	*Der Artikel ist ein typischer Bericht über ein lokales Thema ... Hilfreich wäre es gewesen, wenn über die reine Textdarstellung hinaus ...*

▶ S. 74

▶ S. 74

6.7 Medien und Werbung

Medien (Einzahl: das Medium) sind Mittel zur Weitergabe von Informationen. Man unterscheidet **Print-Medien** (z. B. Bücher, Zeitungen, Zeitschriften) und **audiovisuelle Medien** (z. B. Hörfunk, Film, Fernsehen). Das **Internet** stellt in gewisser Weise eine Mischform beider Medienbereiche dar.

Fernsehen

Zuschauer/innen können heute zwischen dem **Free-TV** und dem **Pay-TV** wählen. Beim Pay-TV muss jeweils für einzelne Programme, Pakete von Sendungen (z. B. Fußballspiele, Filme) oder einzelne Sendungen bezahlt werden. Der Zugang zu diesen Angeboten erfolgt über einen Decoder.

Der Bereich des Free-TV setzt sich aus den **öffentlich-rechtlichen** Sendeanstalten und den **kommerziellen** Sendern, den so genannten „Privaten", zusammen. Die öffentlich-rechtlichen Anstalten finanzieren sich zum größten Teil über Gebühren und zu einem geringeren Teil über Werbeeinnahmen; die kommerziellen Sender sind vollständig von Werbeeinnahmen abhängig. Über die Fernsehgebühren, die staatlich festgesetzt werden, finanziert der Staat die öffentlich-rechtlichen Fernsehsender, aber auch andere Leistungen in der Mediengesellschaft (z. B. das öffentlich-rechtliche Rundfunkangebot).

Die Anbieter von Fernsehprogrammen arbeiten zunehmend mit Sponsoren zusammen, die Teile von Sendungen oder ganze Sendungen finanzieren und die bei der Ausstrahlung von Filmen, Fußballspielen usw. erwähnt werden. Durch Sponsorenfinanzierung und Schleichwerbung (Werbung, die als solche nicht klar markiert ist) werden die Grenzen zwischen Programmverantwortlichen und Finanziers fließend.
Fernsehsender haben vielerlei Verfahren entwickelt, Zuschauer/innen an sich zu binden, damit diese möglichst nicht zu anderen Programmen wechseln. Der Hintergrund ist, dass die Sendeanstalten, und zwar insbesondere die kommerziellen, das Ziel verfolgen, eine hohe Einschaltquote zu erzielen; denn über den Tausenderkontaktpreis (den Preis, den Werbekunden für jeweils 1000 Zuschauer/innen bezahlen) berechnen sich Werbeeinnahmen der Sender. Für die Zuschauer/innen bedeutet dies, dass sie mit sensationell aufgemachten Angeboten, dramatisierenden Präsentationsformen, populären Zugaben aus dem Medienverbund (Ear-Catching mit aktuellen Musiktiteln usw.), aber auch mit einer Vielzahl von Trailern in die Programme gelockt und dort festgehalten werden sollen.

Fernsehserien
Serien sind vor allem im Vorabendprogramm des **Fernsehens** weit verbreitet. Serien sind durch eine festgelegte, aber doch veränderbare Figurenkonstellation geprägt, sodass sich die Beziehungen der Figuren untereinander, ihre Konflikte usw. unendlich fortsetzen lassen. Man kann täglich (Daily Soap) und wöchentlich ausgestrahlte Serien (Weekly) unterscheiden, beide haben in der Regel feste Sendeplätze. Die Seifenopern **(Soap Operas)** wurden ursprünglich von Waschmittel- und Seifenfirmen in Auftrag gegeben, um das Fernsehpublikum für ihre Werbekampagnen zu interessieren. Die meisten Soaps weisen in ihrer Dramaturgie eine **Drei-Episoden-Struktur** auf. Das Sequenzprinzip des ▶Spielfilms ist hier also in drei Handlungsstränge aufgelöst, die die Gesamthandlung einer Serienfolge bestimmen, indem sich einzelne Szenen der Handlungsstränge abwechseln und miteinander verzahnt sind. Die dramatische Zuspitzung am Ende einer Folge, der **Cliff Hanger,** wird durch filmische Mittel (Zoom auf Naheinstellung, Freeze/„eingefrorenes“ Bild, Einspielen der Titelmusik) unterstützt. Der Cliff Hanger soll die Spannung auf den Fortgang der Handlung in der nächsten Folge erhöhen.

▶ S. 154

Film

Beim Film lassen sich **Dokumentarfilm** und **Spielfilm** unterscheiden. Ein Spielfilm hat eine (meist fiktive) Handlung und einen ähnlichen dramaturgischen Aufbau wie ein Drama: In der **Exposition** werden wesentliche Motive und alle wichtigen Figuren vorgestellt. Die Szenen setzen sich zu einzelnen Handlungseinheiten **(Sequenzen)** zusammen; diese sind in sich geschlossene Einheiten mit eigener Spannungskurve. Ähnlich wie beim Drama finden sich beim Spielfilm **Wendepunkte,** die die äußere oder innere Handlung einen unerwarteten Verlauf nehmen lassen. Meist existiert ein solcher Wendepunkt unmittelbar nach der Exposition sowie ein weiterer gegen Ende des Films. Von einem **Happy End** spricht man, wenn sich die Handlung aus Sicht der Hauptfigur(en) am Ende zum Guten wendet.

Dramaturgischer Aufbau eines Spielfilms

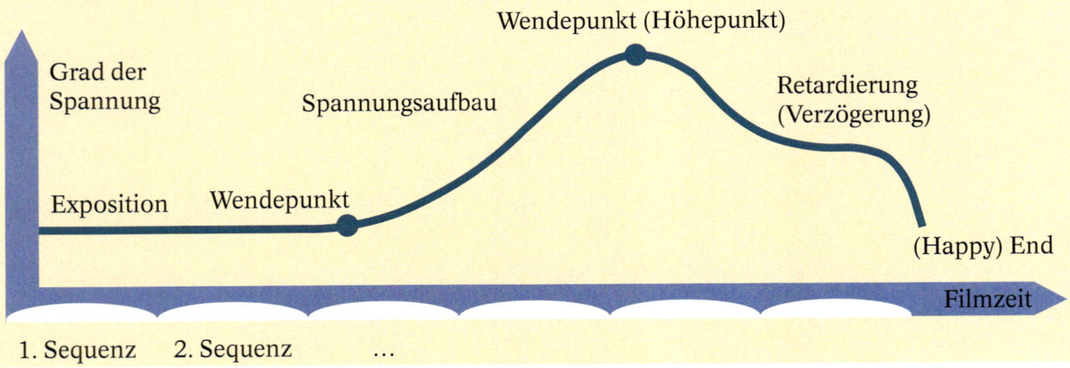

Textgrundlage jeder Fernsehserie und jedes Films ist das **Drehbuch.** Dem Drehbuch voran geht zunächst ein **Exposé,** das die Haupthandlung **(den Plot)** kurz skizziert. Aus dem Exposé wird ein **Treatment** entwickelt, das eine genauere Ausführung der Handlungszüge beinhaltet. Erst das Drehbuch enthält eine genaue Einteilung der Szenen und ist die eigentliche Arbeitsgrundlage bei den Aufnahmen. Handlungsabläufe und Dialoge sind hier (oft in zwei Parallelspalten) festgelegt. Das Drehbuch enthält außerdem Angaben über Handlungsort (innen/außen) und -zeitpunkt (Tag/Nacht). Dies ist vor allem für die Ausleuchtung und die Ausstattung der Szene wichtig.

Kameraführung

▶ S. 155 Auf der Basis des Drehbuchs werden die ▶**Kameraeinstellungen** festgelegt. Die Einstellungsgröße legt den Bildausschnitt fest; je kleiner der Bildausschnitt ist, desto näher scheint der Betrachter am Geschehen zu sein. Man unterscheidet (von nah nach weit): Detail, Groß, Nah, Américaine, Halbnah, Halbtotale, Totale, Weit/Panorama.

Ändert sich die Einstellungsgröße während einer Einstellung, spricht man von einem **Zoom.** Der Standpunkt der Kamera und – damit verbunden – ihr Blickwinkel wird als **Kameraperspektive** bezeichnet. Man unterscheidet neben der Normalsicht (in Augenhöhe) die beiden Extrempositionen: Froschperspektive (= Kamera von unten) und Vogelperspektive (= Kamera von oben). Hinzu kommt die Möglichkeit, die Kamera selbst zu bewegen. Diese **Kamerabewegung** kann (theoretisch) in ihren drei Bildachsen erfolgen: waagerecht als Schwenk, senkrecht als Neigen und in der Querachse als Rollen. Wenn sich der Standpunkt der Kamera verändert, spricht man von einer **Kamerafahrt,** die auf Schienen, mit einem Kamerawagen (Dolly) oder einem Kran erfolgen kann.

In der Kombination von Einstellungsgröße, Kameraperspektive und Kamerabewegung lassen sich filmische Effekte erzielen, insbesondere wenn von den üblichen Kameraeinstellungen abgewichen wird.

Übersicht: Einstellungsgrößen

Detail

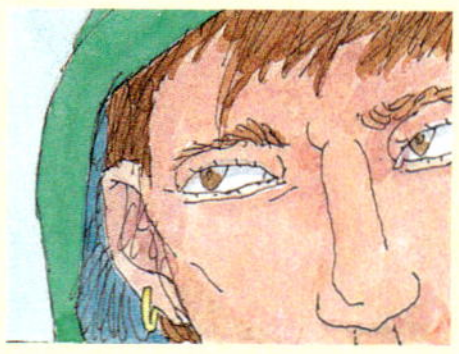

umfasst: nur Teile eines Gesichts

Groß

umfasst: wie ein Ausweisfoto; der Kopf kann aber angeschnitten sein

Nah

umfasst: Brustbild

Américaine

umfasst: Person bis zum Gürtel oder „bis zum Colt“

betont: Blicke (Detail, Groß); Mimik (Groß, Nah); Gestik (Américaine)

Halbnah

Person bildfüllend oder unten leicht angeschnitten

betont: Gestik

Halbtotale

Person in geringer Raumtiefe

Totale

Person mit Großteil des Handlungsraums

Weit/Panorama

Landschaft

Übersicht: Kamerabewegungen

Schwenk

Rollen

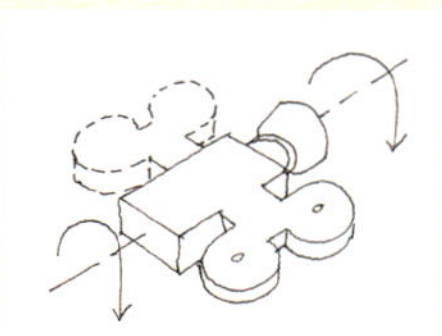

Neigen

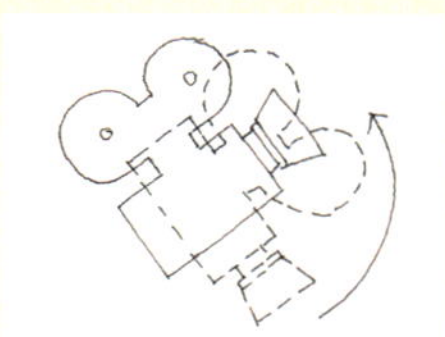

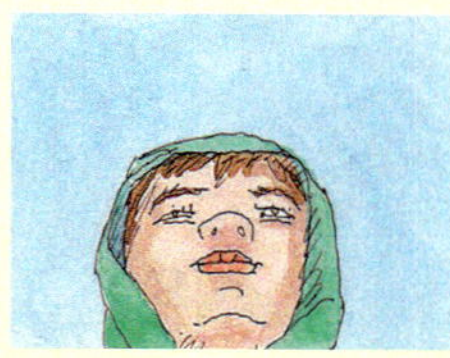

Der Schwenk ist die üblichste dieser drei Grundbewegungen. Das Rollen kommt am seltensten vor, da es eher verwirrt als neue Informationen vermittelt. Durch das Neigen entstehen die **Vogelperspektive** (Überlegenheit), **Normalsicht** und **Froschperspektive** (Bedrohlichkeit).

Werbung

Werbung im Kommunikationsmodell

Sender →	Werbemedium →	Werbebotschaft →	Empfänger
Auftraggeber/Firma, Hersteller, Werbeagentur, Grafiker/Texter/Designer	Inserat, Plakat, Werbespot, Flugblatt	Produktinformation, Image einer Firma, Erfüllung eines Bedarfs oder anderer Sehnsüchte (z. B. ein bestimmter Lebensstil), Kaufappell	Käufer, Konsument, Passant, TV-Zuschauer, „Zielgruppe“

Werbeinhalte
- Produkt, Konsumgegenstand
- Dienstleistung
- Politik
- Verhalten, Bewusstsein

Aufbau einer Werbeanzeige
- Blickfang (Eyecatcher)
- Überschrift (Headline)
- Fließtext
- Slogan

Die **Sprache** der Werbung bevorzugt auffällige Formulierungen wie Wortschöpfungen, rhetorische Mittel, grammatische Varianten der Sprachhandlung „Auffordern".
Im Mittelpunkt steht die Lenkung der Konsumenten mit dem Mechanismus der **Konnotationen.**
Das Denotat ist die sachliche, allgemeine, lexikalische Bedeutung eines Wortes; als Konnotate sind all die Vorstellungen anzusehen, die die Menschen mit einem Wort spontan oder auf Grund der gesellschaftlichen Konvention und Tradition verbinden.
Beispiel:

„Palmolive"

Denotat: Seife, produziert mit Pflanzenfett
Konnotat: Palmen = Strand, Karibik, Sonne, Urlaub
Olive = südländisches Flair

Über die Konnotation wird also mit der genannten Seife neben der Reinigungskraft die Lust an Wasser, Freizeit, Reisen, Ferne, Liebe, Träumen angesprochen. – Die Produkte werden durch optische oder verbale Reize mit geheimen Wünschen, Leitbildern, positiven Vorstellungen belegt.

Die Werbung suggeriert, dass mit dem Kauf des Produktes auch die konnotierten Wünsche und Bedürfnisse in Erfüllung gehen. Konnotativ ausgelöst werden auch neue „Warenmythen", z. B. der Cowboy-Mythos (das Reiten durch die Wildnis Nordamerikas in Verbindung mit Zigaretten) oder der Casanova-Mythos (die unwiderstehliche Wirkung verschiedener Markenjeans auf das andere Geschlecht).

Wirkung von Werbung

A	I	D	A
Attention →	**Interest** →	**Desire** →	**Action**
Aufmerksamkeit beim Konsumenten erregen, z. B. durch einen Blickfang	vorhandene Interessen ansprechen, z. B. in einem Slogan	Begierde, Kaufwunsch auslösen	Handeln (z. B. Kauf) bewirken

Bild- und Textquellenverzeichnis

S. 11: Onlinesport, Lampertheim
S. 15, 39 (2), 140 (1), 141 (3), 142: dpa, Frankfurt/M., Berlin
S. 25: Nicole Ludwig, Hannover
S. 31: Georg Britting, Brudermord im Altwasser. Aus: Die kleine Welt im Strom. Nymphenburger Verlagsbuchhandlung, München 1952
S. 32: Tretroller angefahren. Aus: Kölner Stadt-Anzeiger, 10. 1. 2001
S. 39 (rechts): Lars Reimann, Berlin
S. 51, 145: Thomas Schulz, Hohen Neuendorf
S. 47, 49: © 2001 VG Bild-Kunst, Bonn
S. 108, 113, 134 (1), 135 (3), 136 (2), 137 (1), 138 (3), 139 (1), 140 (2): bpk, Berlin
S. 124: Annette von Droste-Hülshoff, Der Weiher. Aus: Sämtliche Werke. Hg. von C. Heselhaus. Carl Hanser Verlag, München 1952
S. 89, 125: Heinrich Heine, Du bliebest mir treu am längsten. Aus: Buch der Lieder. Verlag Lambert Schneider, Heidelberg o. J.
S. 128: Abisag Tüllmann / bpk, Berlin
S. 129, 136 (1), 137 (1), 140 (1), 141 (1): ullstein bild, Berlin
S. 134 (3), 135 (2), 136 (1), 137 (1), 138 (1), 139 (2): AKG, Berlin
S. 134: The Dean and Chapter Library, the College of Durham, Großbritannien
S. 135: Öffentliche Kunstsammlung/Kunstmuseum Basel, Foto: Martin Bühler
S. 137 (1), 139 (1): Interfoto, München
S. 138 (1): Schiller Nationalmuseum, Marbach, © 2001 VG Bild-Kunst, Bonn
S. 139 (1): Bilderdienst Süddeutscher Verlag, München
S. 139 (1): Ludwig Meidner-Archiv/Jüdisches Museum, Frankfurt/M.
S. 140 (1): Peter Peitsch, Hamburg
S. 141 (2): Isolde Ohlbaum, München
S. 152 (oben): NDR, Hamburg
S. 152 (2. v. oben): © RTL Television 2001, vermarktet durch RTL Enterprises
S. 152 (unten links): Thorsten Baering Sportfotografie, Hamburg
S. 152 (2. v. unten): © RTL Television 2001, © Grundy UFA 2001, vermarktet durch RTL Enterprises
S. 152 (unten rechts): WDR, Köln
S. 156 (rechts): Abold, München
S. 156 (links): Günther Einecke, Bergheim

Sachregister

Redaktion: Matthias Grupp
Illustrationen: Thomas Binder, Amelie Glienke, Klaus Müller
Umschlaggestaltung: Knut Waisznor
Lay-out und technische Umsetzung: Atelier Fischer mit Tonja Heilmeyer, Berlin

www.cornelsen.de

2. Auflage, 1. Druck 2006 / 06

Alle Drucke dieser Auflage sind inhaltlich unverändert und können im Unterricht nebeneinander verwendet werden.

Druck: CS-Druck CornelsenStürtz, Berlin

ISBN-13: 978-3-464-60318-5
ISBN-10: 3-464-60318-0

Inhalt gedruckt auf säurefreiem Papier aus nachhaltiger Forstwirtschaft.